我々はどこから来たのか、我々は何者か、我々はどこへ行くのか
ポール・ゴーギャン　1898年

歴史は現在の光に照らされることで初めて知覚され、
現在は過去の光に照らされることで十分に理解できる
エドワード・ハレット・カー　1961年

「記憶」を糧に、未来へつなぐ
一市民とその家族が見てきた歴史といま

著　櫻井 和代

ヒポ・サイエンス出版

はじめに――歴史に学ぶ

2021年1月12日に半藤一利氏、2023年3月14日にノーベル文学賞受賞作家・大江健三郎氏が死去された。このお二人の死は、私に「戦後民主主義」の終焉《しゅうえん》を思わせるものであった。

大江氏は、戦前、徹底した軍国教育を受け、戦後は「新しい文学の旗手」として、人間の生きる姿を見据え、日本人の政治的、精神的風土、葛藤を独特の文章で表現。また戦後民主主義の守り手として政治的な発言から距離を置くと言う世間の風潮に反し、晩年は、反核や反原発運動にも活発に発信した。

半藤氏は、「歴史に学ぶことがとても大事」として、「国民は自分の国の形が変わっていくことに声を上げない。あまりに鈍感。人はともすれば、戦争だ、戦争だと国が煽《あお》る方に行きやすい。人は、大多数の側にいた方が楽に暮らせる。だからこそ、世の中が一方向に流れて行きそうな気配を感じたら、ちょっと、立ち止まって冷静に考えることが必要」と私たちに「知性・理性・客観性」の大切さを示された。

お二人とも、現代のIT社会は、人の意識や思考が操作され、根拠のないSNSの炎上に人々が誘導される時代と指摘。それらに惑わされないことの大切さや、「大きな知の力」で、現代社会で失ってはならない「民主主義の基本」と「一人一人の知性・理性・客観性・公平性・倫理観・事実を見極める力」を示し続けてくれた。

奇しくも同時期、私自身が病により命を区切られた。その時、「戦後民主主義世代」の背中を見ながら、ただ流されるように生きてきた自分たちが、「次世代に渡す時代」のあまりに荒涼としていることに気付いて愕然《がくぜん》とした。人類が地球に誕生して以来、それぞれの時代に生きた無数の人々が、歴史をつないできたが、自分たちはどんな時代を生きてきて、どんな時代を次世代に残すのか。

目の前にあるのは、「金」が全てで、格差拡大を是とするような、他者への思いやりの欠如したとげとげしい世相。SNSやネットなどに飛び交う、真偽のほども疑わしい様々な情報の氾濫。世界で繰り返されている絶え間のない紛争と戦争。巨大で複雑な世界経済。歴史や、真実があいまいにされたまま、再び戦争への道へ誘導されているような風潮。そして、地球温暖化という待ったなしの気候変動危機等であった。

これらは、時の政治や経済と深く関わっている。しかし、私たちの日常生活に直接結びついている政治や経済に対する人々の関心は鈍い。言葉が空疎化し、パワハラなどの攻撃的な社会風潮がさらに増幅される中、人々は、外部をシャットアウトし、スマホに逃げ込み自己防衛を図る。あるいは逆に攻撃的になり、SNSなどによる個人攻撃は、社会全体の「いじめ」の構造とも重なっていく。ジェンダーレスなども言われているが、男性目線で作られてきた価値観は変わらずにある。漫画などに描かれる女の子の大きな胸、くびれた胴など、性的な見た目の強調は、「性」が商品価値としてあることも示している。

そのような現実を前に、自分に何ができるかを思った時に浮かんだことが、「自分が生きてきた時代の記憶を記す」ことであった。人の記憶がなければ歴史は忘れ去られ、同じ過ちが繰り返される。歴史に学ぶことは、「過去の事実」から「行くべき未来」へ道筋を選んでいくことである。「戦後民主主義の旗手」たちは、戦争を経験したからこそ、同じ轍《てつ》をたどらないために、「歴史から学ぶ」ことの大切さを私たちに示してくれた。では、私も次世代に渡すバトンとして、戦後社会の変化を「記憶」を軸に辿ってみよう。

はなはだ拙いものであるが、この書は、歴史に学ぶことにより、未来に生きる人々が、冷静に、理性的に、世の中を見つめる聡明な「視点」と「知」の力を獲得していくこと。価値観の軸足を、「進歩と発展」だけでなく、「調和と再生」に向けて希望をつないでいくこと。「人の絆の復権」を願い、未来へつなぐバトンを探る試みを行うものである。

また、これをご一読いただいた方々が、ご自分の記憶を重ねて後世に伝えていただければ、筆者望外の喜びである。

証言者一覧（著者の身近な人々）

義吉 (明治 40 年生)
芙美子（昭和 12 年生）
雅子（昭和 15 年生）
宏子（昭和 17 年生）
義二 (昭和 22 年生)
和代 (昭和 25 年生)
義昭 (昭和 27 年生)
樹代子（昭和 32 年生）
幸恵（昭和 39 年生）
一夫（昭和 40 年生）
裕子（昭和 44 年生）
圭（昭和 50 年生）
亘（昭和 54 年生）
香奈子（昭和 55 年生）
由佳（昭和 61 年生）

目次

第一章

渡されてきたバトン

――歴史に学ぶ

1　祖父母・父母の時代――近代国家への道のりの中で

――明治（1868～1912年）・大正（1912～26年）・昭和前期（1926～45年）

よく、「世代間のギャップ」と言われるが、私たちに影響を与えているのは、前の世代である。明治・大正・昭和世代を生きた祖父母・父母たちは、明治維新後の天皇を主権者とする軍国主義体制の中で、日清戦争、日露戦争、第一次世界大戦、関東大震災（1923年）、アジア太平洋戦争（1941～45年）などの過酷な時代を経験してきた。

日本が鎖国を解かれた19世紀は、産業革命で国力を強めたイギリス・ドイツ・フランスなどの欧米諸国がアジアに進出し植民地を広げ、アメリカ・ロシアなども勢力を伸ばしていた時代であり、日本は国際社会での地位を確保するために、明治時代から富国強兵の旗印のもとで、急速な近代国家化を進めていた。

20世紀に入り、日露戦争、第一次世界大戦が戦われ、日本では産業が急激に発展、資本主義経済が進んだ。国の近代化が進む一方で、庶民の生活は過酷なものであった。そのような中、大正6年（1917年）のロシア革命の影響も受け、デモクラシーの高まりも起こってくる。労働運動、女性運動、農民運動など民衆運動が起こり、大正11年（1922年）には、「日本共産党」が結成された。当時、『蟹工船』『海に生きる人々』『ああ、野麦峠』などに記されたように、資本家に搾取される工場労働者の過酷な実態があり、「東洋モスリン亀戸工場争議」等、労働運動の萌芽がみられたが、それは常に国家の弾圧の標的となった。

大正6年（1917年）◆10歳で学校をやめて奉公……義吉

福島は明治維新の後、幕府直轄領等の統廃合を繰り返し、福島・若松・磐前（いわさき）の三県となり、さらにその三県統廃合で福島県が誕生した。明治になり開国政策、文明開化の名の下に洋式風が取り入れられ「四民平等貴賤の差別なく」の合言葉で、福沢諭吉の『学問のすすめ』が庶民にも普及。「必ず邑（むら）に不学の戸なく、家に不学のひとなからしめん」の原則の下に、明治5年、学制が施行された。

しかし、生活困窮者が世の大半を占めていた当時、それは庶民には有難《ありがた》迷惑なものでもあった。学校に通わせるより家業の手助けや、8、9歳ともなれば口減らしから裕福な家への子守奉公や、関東地方へ長い年季奉公に売られていく子どもも多数あり、不自由なく学校に通うことができるのは中流以上の恵まれた家庭環境にある者に限られた。

それは、昭和の初めまで続いていた。義務教育は6歳から12歳までであったが、義務年限は小学校4年まで。小学校4年以降は任意で、一年でやめようと二年でやめようと自由であり、授業料は月50銭（当時の50銭は2000円位か）から12銭5厘、教科書学用品も自費であった。
――自分も尋常小卒業、大正6年10歳で手間《てま》働きに出た。

何時の時代でもそうだが、富める者と貧しい者は同時に存在する。同じ東北の農村でも、その置かれた状況で人々の生活状況は大きく異なっていた。しかし、明治時代後期から昭和の初めにかけての、東北の農家の疲弊《ひへい》はすさまじいものであった。その原因の一つが、「ヤマセ」と言われる偏東風、「冷夏」などによる大凶作で、特に、明治35（1902）年、38（1903）年の凶作、昭和9（1934）年、10（1935）年の東北大凶作では、嬰児《えいじ》（赤ちゃん）の抹殺、娘の身売りなど社会的悲劇が繰り返され、街には失業者があふれた。

政治経済の世界では、昭和2（1927）年の私鉄疑獄事件（「疑獄」とは政治家の売買収をめぐる大型スキャンダル）、東京市議会疑獄事件などの政治腐敗や、昭和4年（1929年）のニューヨークの株暴落にはじまる大恐慌、昭和7（1932）年の五一五事件（陸軍軍人を中心にしたクーデター事件）、昭和11（1936）年の二二六事件（海軍軍人を中心にしたクーデター）などを契機に、軍国主義が台頭していく。政府の富国強兵策の一環としての「産めよ、増やせよ」の時代、人は戦争や工場の弾であり、いくらでも補充が必要であった。そこに、戸主以外の農村の若者が投じられた。

日本は、「アジア諸国の開放」という名目で、昭和6年（1931年）の満州事変（「満州」国建国、実質は中国東北部の植民地化）、昭和12年の「シナ」事変（満州以南の中国中心部への侵攻）の後、昭和14年ドイツのポーランド侵攻から始まった第二次世界大戦で、ドイツ、イタリアの同盟国として、昭和16年に、アジア太平洋戦争（「大東亜戦争」）を開始。「事変」や「大東亜」など、戦争を隠蔽・美化した呼称でアジア諸国への侵略を重ねていく。

昭和16年12月8日（1941年）、日本軍によるハワイ真珠湾奇襲攻撃によって始まった「アジア太平洋戦争」は、昭和20年8月15日まで4年近くアメリカ、イギリス、オランダなど連合軍との戦い、国民のみならずアジア、太平洋地域の人々に塗炭の苦しみを与えた。

開戦当初、国民は戦争の目的を知らず（実態はいまでもはっきりしない。直接的には陸軍は中国大陸の利権確保、海軍は石油確保）、まだ食糧などもあり、一般庶民は戦勝祝いなどウキウキした雰囲気が広がっていた。しかし、翌昭和17年には配給切符（政府が食糧を統制するために、各家庭の人数に従って、米、野菜などの食糧を割り当てて配布した切符。切符は貧富の別なく、隣組組織から購入することになっているが、特権階級にはそれ以上のものが供給された。敗戦色が濃くなると、一人当たり食糧は減らされていった）が配られるなど戦況悪化が加速、疎開や食糧難が始まった。昭和19年（1944年）暮れ以降、米軍はサイパン、フィリピンなどに基地を造設し、日本国内への空襲が開始された。翌20年3月には東京大空襲で東京がほぼ壊滅するなど、全国各地が空襲の餌《え》食《じき》になり、国民生活は空腹と生命の危険にさらされる。同年4月から6月には、沖縄が戦場になり20万人の命が失われた。

2　戦後民主主義世代——戦争の記憶と平和への希求（昭和5年～昭和20年生まれ）

昭和20年（1945年）8月6日広島、8月9日長崎へ原爆投下される。広島で14万人、長崎で7万4千人の命が奪われ、8月15日、日本は降伏。アジア太平洋戦争の4年間で、軍人関係230万人、外地の民間人30万人、内地での戦災死者50万人、合わせて310万人の死者を出して、日本は敗戦した。

広島、長崎の「記憶」は、核兵器廃絶の記念のためにも重要だが、戦争を開始し、国内外の人々を苦しめ続け、本来やめるべきときにやめる決断ができず、最終兵器としての核兵器を米国に使わせた日本の戦争指導者（軍指導部、政治家）の責任は大きい。

侵略の歴史は、また、アジア各地に「日本語世代」を産んだ。台湾や朝鮮、パラオなど日本の統治下にあった地域で、日本語を母国語とする日本の教育を受けさせられた世代である。本来の母国語を使うと厳重に処罰されたが、子どもの世代はともかく、親の世代には無理な相談で、まちなかでは沈黙を強いられることにもなった。

これらは日本のアジア侵攻の結果であるが、支配者としての国民意識は、戦後数十年たった今も、一定の年代の日本人の韓国や中国への蔑視感情として残っている。

証言

昭和17（1942）年◆戦中、5歳で、二人の妹の世話をした……芙美子

アジア太平洋戦争が激化した昭和17年、家は自作地小作地半々の貧しい農家であった。当時の農業は人力90％、家畜の牛馬10％で営まれるのが主流で、農繁期であれば農家の嫁は出産間際まで水田に入り、産後21日を待たずに田畑の働きに出た。子守は子どもの役割であり、私も満5歳で3歳の妹の手を引き、生まれたばかりの妹をおんぶしたが、記憶に残るのは「おんぶした妹のおしっこで背中がびしょ濡れになった」感触だけである。

昭和20年、全国で空襲が頻発、食糧はじめ生活物資の不足が急速に進行した。農家でも、一日三食から二食の家も出た。「口に入る物はあんまの笛でもなんでもござれ」（意地汚くてなんでも食うこと、食い意地がはっているというたとえ。食糧不足の窮乏を表す）という状況であった。

我が家の食事も一汁一菜。箱膳（縦横高さ約30～40㎝の箱。この中に自分の食器を入れ、ふた

をすると膳になった）が一人ずつ与えられ車座《くるま》になって食べた。夕食が終われば、家族分（祖父母・両親・父の妹と弟・兄・私・妹の9人分）のお膳洗いが子どもの仕事。川で洗い、井戸水ですすぎ、拭いて戸棚に収納という手間暇のかかるもので、ちゃぶ台（脚が折りたためる座卓と呼ばれる低いテーブル）で食べている友達の家がうらやましい限りであった。

その他、子どもらの仕事は、家じゅうの掃除（ほうきで掃いた後、床・戸・柱を濡れ雑巾で拭く）、食器洗い、鉄瓶や鍋を磨く、風呂水くみ、家畜用の草取り（牛・山羊・うさぎ等種別ごとに餌となる草が異なる）、麦踏み、大豆植え、田植えや収穫作業の補助など様々。昭和の中頃まで、学校には「農繁休業」があり、子どもは学校を休んで農作業をした。

子どもの遊びは、外遊びでは鬼ごっこ・かくれんぼ・木登り・石けり・陣取りゲームなどであり、川遊び（フナ・ドジョウ・シジミ・巻貝取り）や、食べられる野草探し、試食など、遊びと食材調達が一緒でもあった。スカンポ、チガヤ、桑の実、グミ、スグリ、野ブドウ、栗、クルミなどは身近にあり、赤ガエルのもも肉を焼いたのは美味であった。お手玉、着せ替え人形はすべて手作りで、お金を出して買うおはじき、ビー玉、メンコなどはとても貴重なものであった。

昭和19年1月、座敷の一間に、東京から「田中さん」という3人の疎開家族を受け入れ世話をした。

バナナとの初対面

昭和20年8月15日、小学校3年の夏休みに終戦を迎えた。兄は11歳、私は8歳、妹は6歳と2歳であった。この日まで、通学路に神社があれば一礼し、学校の奉安殿《ほうあんでん》（天皇の写真などが納まった小さな建物）での一礼があったが、それが無くなった。

三学期からの新教育では、教科書は製本されておらず、数ページ分が一枚の紙に印刷されており、家に持ち帰って切り離し自分たちで製本をした。ページ合わせがうまく行かず、授業が混乱することもあった。

昭和21年1月、海南島から父が復員帰国した。茶色い皮のトランクから「お土産」といって渡されたのは「干しバナナ」。それがバナナとの初対面であった。

その年の9月。4年生の夏休みの宿題に「貯金しよう」という作文があったが、貯金など出来ようのない貧しい家で、どんな内容を書いたかも覚えていないが作文コンクールで入選。引率の先生と初めて銀行や中合デパートに入ったワクワク感は忘れられない思い出だ。

昭和22年6月「あんちゃん」と呼んでいた父の末弟が復員帰国。栄養失調で体中むくみ、時折起こる「マラリア発作」の震えのすさまじさは、いまだに蘇る光景である。

敗戦時、福島から遠く離れた東京では、戦災孤児や浮浪者があふれていた。昭和23年時点で、戦災で両親を失った子ども約3万人、引揚げ（日本の植民地など海外から日本に帰ること）の混乱などで家族と離れ離れになった子ども1万人、捨て子約3000人、親と生き別れになった子ども8千人という悲惨な数字が旧厚生省の報告書の中にある。

昭和20年（1945年）の8月のポツダム宣言受諾後、GHQ（連合国軍最高総司令部）の占領政策の下、朝鮮戦争までの5年間、マッカーサー五大改革（婦人の開放・労働組合の奨励・教育の民主化・経済機構の民主化・圧政的諸制度の廃止）などの「民主化政策」が行われた。昭和21年、「日本国憲法」公布、「戦争犯罪人の公職追放」、「東京裁判」、「婦人参政権の実施」等が行われ、昭和22年「教育基本法」公布、6・3制の義務教育、男女同権、男女共学もかたちのうえで実現する。

ここで、価値観を180度転換させられたのが、「戦後民主主義世代——1930年代から1940年代生まれ」であった。子ども時代の戦時下に軍国主義教育を受け、戦後、それとは全く反対の民主主義教育を受けた彼らは、その後の政治の変化を直接肌で感じ取った。

この頃、米国（「西側」——資本主義）とソ連（「東側」——社会主義）の対立という「東西冷戦」が明確になり、その代理戦争である朝鮮戦争（主に中国、ソ連が支援する「北朝鮮」と、主に米国が支援する「韓国」の戦争）が、昭和25年（1950年）に勃発、日本は、米国の支配下で経済復興を進めていくことになる。

ソ連、中国に隣接する「日本」は、米国の重要な軍事拠点であり、国連軍司令官となったマッカーサーは、それまでの民主化政策、非軍事化から一転、「警察予備隊（後の自衛隊）」創設を指令し、当時の吉田茂首相に、日本共産党幹部の追放を命じた。また、ポツダム宣言では、占領後、占領軍は速やかに日本から撤去とされていたが、1951年の「サンフランシスコ条約（旧日米安保条約）」調印では、強固な「日米同盟」が築かれ、以後昭和47（1972）年まで沖縄は米国の占領下に置かれることになる。

アジア太平洋戦争を推進した東条英機は言った。

「大多数の国民は、権力者が白と言えば白となる。戦時下で最大の敵は民衆。民が背いたら日本は負ける。だから背かないように見せしめに『アカ』を危険なものとして検挙する」

当時、「アカ」とは、ソ連の国旗の色で、人民の血で革命を成就したという意味を持ち、戦前、共産主義など左翼思想を持つ人々、労働運動家などを指した。国が彼らを弾圧することで、人々の意識の中に、左翼に対する恐怖感を植え付け、「不逞《ふてい》の輩《やから》」「危険な者」というイメージを国民に定着させた。戦後、過酷な弾圧を受けていた共産党が活動を再開、マルクス主義が知識人たちの中に浸透していく一方、国は一時解体された財閥系企業の復活、米軍駐留など、敗戦後の「民主化・非軍事化コース」とは逆コースへ向かっていった。

朝鮮戦争は、日本に、米軍の軍需品、兵器の修理、基地建設工事、救援物資の供給などで、特需景気をもたらし、日本の経済産業全体を戦前水準までに回復させた。つい数年前まで「鬼畜《きちく》米英」と叫んでいた人々は一転し、アメリカの繁栄と豊かさに賞賛を送り、経済復興の中で、「反ソビエト主義・反共主義」の政治の流れが打ち出されていく。その流れの中で、福島県を舞台に昭和24年に松川事件が起こった。

この事件は福島市松川町の旧国鉄の東北線で線路のレールが何者かによって外され、列車が脱線・転覆、乗務員3人が死亡したもので、労働組合の幹部など20人が逮捕・起訴された。一審では全員が死刑を含む有罪判決を受けたが、事件から14年後、全員の無罪が確定する。この戦後最大の「えん罪事件」については、昭和天皇の言葉が残っている。「ちょっと法務大臣にきいたが、松川事件はアメリカがやって共産党のせいにしたとかいう事だが・・・」（昭和28年11月11日拝謁記）

──証言　昭和27（1952）年◆看護婦養成所へ……芙美子

昭和27年3月、組合立県北中学校を無遅刻無欠席で卒業。この頃から高校進学の生徒も増加していた。妹も私も先生になりたいという夢をもっていたが、家計の事情から断念せざるを得なかった。しかし「少しでも勉強を続けさせたい」という担任教師の奔走で、福島市内の私立病院に看護婦養成所通学という条件で進路が決定、4月入職した。

一年間の家事手伝いを経て、准看護婦養成校に入学、昭和30年免許取得した。妹も同じ道を進んだ。多くのサークル仲間たちとも知り合え、私なりの青春があった。

当時、父は他人の借財まで背負い込み、息子や娘の私たちにその返済を担わせた。兄はその借金のために、「福井の出稼ぎ先からから帰ってきて、すぐに只見の山奥まで働きにいかねばならなかった」という有様。里帰りで見る実家は本当に貧しかった。しかし、兄も私も妹もどうやら一人で歩けるところまで来た。照れながら笑う年の離れた弟や、前歯のかけた口を開いて、はにかんだように笑う幼い妹たちをみると、このまま素直に伸びやかに育ってほしいと思った。

米国の下、西側資本主義陣営の一員の立ち位置にいた日本の立場は強固なものとなっていく。その中で、知識人の中に左翼思想が多勢を占めるような風潮があった。彼ら「戦後民主主義世代」は、世の不平等や貧富の差に敏感に反応、「国民主権」「民衆のために」「再軍備反対」等の理念を掲げ、職場やサークルで活発に行動するようになる。彼らは国が経済復興に邁進《まいしん》する中、「歌声喫茶」で平和への願いを歌い、「労働組合運動」に身を投じ、「60年安保闘争」に進んでいった。

昭和34（1959年）◆共産党員に……雅子

私の家族・親族は政治的にはそれぞれ信条を異にし、非常にバラエティに富んでいた。中卒で看護師になった私は、「被支配階級」である労働者としての立ち位置で、自然に共産党員となった。しかし、警察署長・警察学校長も輩出していた母の実家に行くと、親戚の者たちは、私に、「何をしてもいい。社会党でもいい。でも、共産党にだけはなるな」と諭した。

そんな時、母は「もう遅い。もう真っ赤かだよ」と笑い飛ばした。

戦前、天皇制・資本主義に反対する共産党をターゲットとして施行されたのが治安維持法であったが、実家の裏には初代「特高」課長の毛利基の縁戚の畑があった（「特高」とは、「特別高等警察」の略で、小説家・小林多喜二の惨殺など、共産主義思想の弾圧を担当した警察内の組織）。村人の誰に対しても穏やかで公平な立場を取っていた母ではあるが、畑仕事にやってくる特高課長の子孫に対して、「共産党員に残虐非道なことを行った家の者」と嫌悪をあらわにしたことがあった。そういう母を、戦後「社会党」に傾斜していった父は、「子孫には罪はない」とたしなめた。

父は、裕福な家に生まれ、その後、他人の借金で貧困を極めた経験を持つ。詩歌を好む文学青年の父とは対照的に、母は理詰めでものを考えた。母は、頑固な正義感を持つとともに、「自分の子どもは間違った道には進まない」という絶対的な子どもへの信頼があり、それが、共産党員になった私の生き方への全面的な後押しにつながっていたようだ。

貧しい家なのに、家には駕籠の行商人やお神楽の旅芸人、時には乞食と言われるような人々も、時折宿泊していった。彼らに一番の座敷と寝具を与え歓待する。家族は犠牲にしても他人のために尽くす、という父母の姿は子どもには当たり前のことであった。母の元には近所の人も良くお茶飲みに来ていたが、人の気持ちがわかる人ということが、村人の気持ちのよりどころになっていたように思える。

昭和34年、伊勢湾台風の被害がもたらされた時、東京の「民医連」の病院に勤務していた私は、「民衆のために」という法人理念もあり、その救援に入ったが、母はそれを聞いてとても誇りにしていたという。母は、終生私の援護者であった。

池田首相は、「戦後一時的に進められた民主主義教育」の中で、「若者に培われた戦争への忌避感」(平和主義)に危機感を抱き、「平和教育敵視」の教育政策実行を始めた。

教育は、資本家である財界の要求にストレートに応えられる「復古的傾向」を軸に、民主教育から選別教育(エリート教育)へと変化、日教組の排除や、道徳・倫理の科目増設、「理工系重視」「競争原理・経済効率追求」に再編強化され、「権力者側から規定された歴史」が一層強固になる。

それを直接受けたのが、「団塊の世代」及びそれ以降の世代であった。これらの世代は、それぞれの家庭経済も、1年毎に刻々と著しく変わっていくという急激な時代変化の中に置かれていた。そのわずかな年代差、時代差、教育の差で、若者の意識は大きく異なっていった。

証言

昭和35（1960）年◆貧しい小学校時代……義二

父と長兄が莫大な負債を返済し終えたのは、自分が高校を終えた頃で、私の小中学校時代、家はまだ非常に貧しかった。戦後の農地改革（大土地所有者の土地が強制的に分割された）で、村には一部の金持ちと中農貧農が半々であったが、父の財布にはいつもほんの僅かな金しか入っておらず、満足な上履きも長靴も買ってもらえなかった。

そのような中、「本」は、心の糧になり、何よりの楽しみであった。父は、農民作家のように本を読むこと、文章を書くことを好む文学青年であり、日記は16歳ころから生涯一日も欠かさず書き続けていた。そのため、家の中に「本」だけはあった。貧しい農家の仏壇脇に、文学全集が鎮座し、その一冊一冊に購入時の記載があり、××と伏字のある、レーニン著『マルクス主義の源泉と構成』には「昭和2年求む」と父の自筆が残されている。後に、この本について父に尋ねた時、「20歳の自分には、理解するのが難しすぎた」と述懐していた。それらや、図書館の本、就職した姉たちが送ってくれる本、父に頼み込んで手に入れた図鑑などを通し、知る事、学ぶこと、真実を追求することの喜びを知った。

学校では、教師による「綴り方運動」（日常生活を作文にする運動）も盛んにおこなわれ、それらを集めてテーマごとに文集が出された。

「文を書けば考えや思いがはっきりした形になり、その人の考えもはっきりしてくる。皆さんが文集を出すということを聞いて本当にうれしく思う」「子どもの欲望が価値あるものと判断したら、極力かなえてやる努力をする。反対の場合は十分に納得できる説明が必要。そのことで子どもがどんなに進歩することか」など子どもを支援する教師の姿勢が随所に見られた。

その一つに、キャンプをテーマにした文集があった。当時、農繁期の学校休業の仕組みがあり、それを利用して「自由参加キャンプ」が行われた。小学生でも、ナタネ落とし、マユかき、苗引き、苗運び、消毒などの手伝いは、農家の子どもとしては当たり前の事で、農繁期休業は大人にとって必要不可欠のものであった。

その家庭事情はさまざまで、自分が6年の時は、キャンプ参加者26名、不参加23名であった。キャンプ参加者の、楽しいキャンプの様子・映画会・花火などの描写がされた文章とは別に、「忙しい」

「蚕の世話がある」「新聞配達がある」「毛布やみそやしょうゆや浴衣がないから行かない」「病気」「他の用事と重なる」「帰省する姉たちといたい」など様々な理由で参加しなかった生徒の文章も差別なく掲載された。

中学でも作文を書いた。たとえば、「ホームルームの問題」なら、「現在のホームルームの有様をきちんと見つめる」「皆の立場で物事を考える」と主題を明確にして、生徒たちが一人一人文章を書き、担任がそれを文集にし、農繁期明けの生徒たち一人一人に手渡した。

戦後民主主義教育は、末端の一人一人の教師の努力でそのように生きていた。

反面、小学校4年生頃から、学校では「できる者」「できない者」を成績順にA班からD班まで分けるような選別的な教育も行われ始めていた。それは子ども心にも非常な反発を覚えさせるものであった。

兄は、中卒ながら村の青年団の団長として、野球大会、演芸会などで活躍していた。そこでは、流行歌と一緒に働く者の歌もたくさん歌われていた。自分は、小学生であったが、家の百姓手伝いの時、兄の歌う「仕事の歌」「幸せの歌」「トロイカ」「ステンカラージン」「草原情歌」など自然に覚えていった。

3　55年体制と60年安保闘争（昭和30〜35年）

昭和34（1959）年、自由党の吉田茂内閣が造船疑獄で総辞職する。

翌年の選挙で、アジア太平洋戦争のA級戦犯（戦争責任を追及する国際法廷でもっとも重い罪を問われた者）で刑を逃れた岸信介の民主党が「自衛軍の創設」を打ち出し、第一党となった。しかし、議席では過半数に至らず、吉田茂の自由党も66議席失い、再軍備・改憲発議は不可能となり、ここで、自由党と民主党が合同で「自由民主党」を結成する。同時に、昭和30（1955）年10月、左右に分裂していた社会党が統一し、「自由民主党」対「社会党」という、「55年体制」と呼ばれる時代が始まった。

日本経済は、アメリカの傘の下で復興の道を進んでいく。昭和28年に停戦した朝鮮戦争の影響もあり、昭和29年12月から昭和32年6月まで「神武《じんむ》景気」と呼ばれる好景気が続いた。高度経済成長期の幕開けとなったといわれるこの好景気で、日本経済は第二次世界大戦前の水準を回復し、昭和31年の『経済白書』には「もはや戦後ではない」と記された。

「三種の神器――洗濯機・冷蔵庫・テレビ」などの家電ブームは、大衆消費社会形成の糸口ともなった。昭和32年から33年にかけては、物価高、デフレーションで、「なべ底不況」となったが、それも昭和33年7月から36年12月の「岩戸景気」で持ち直された。昭和33年東京タワー完成、34年には皇太子結婚などの中、活発な技術革新と、「投資が投資を呼ぶ」という設備投資主導の景気拡大が行われた。

世界では、核開発競争、人工衛星の打ち上げの分野で、米ソがしのぎを削るようになり、昭和29年米国のビキニ環礁水爆実験（日本の「第五福竜丸」が被ばくする事件に発展）なども起こった。そのような中、昭和35（1960）年の新日米安保条約の再締結が迫っていた。

当初、安保条約の中身はほとんど国民には知らされていなかった。しかし、基地米兵の重大犯罪の続発や「地位協定」など日本にとって不平等な内容が、国民の目にも明らかになっていく中、「60年安保反対闘争運動」の機運は急速に高まっていった。

学者、作家、評論家、映画人、演劇人などが組織を作り立ち上がり、「60年安保反対闘争」は国民的運動となった。55年体制の下、政治的に国鉄労組など巨大な支持組織のあった社会党や「総評」（日本労働組合総評議会、当時、日本最大の労働組合で、政府、企業への強い圧力を誇った。1989年解散）、原水爆禁止日本協議会など百数十団体が結集、共産党もオブザーバーで参加した。この60年安保闘争の中心にあったのが、「戦後民主主義世代」の労働者や市民であった。彼らは、新憲法の「思想・信条の自由」を拠り所に、明確な信念と意思をもって、三井三池争議などの労働運動、60年安保反対行動、後のベトナム戦争反対、沖縄返還運動等の市民運動の担い手となっていった。

岸首相は、米ソ、中ソ対立など国際情勢の中で、国民的運動となった反安保運動を無視、昭和35（1960）年1月25日、新日米安保条約に署名、さらに、同年5月19日、衆議院で新条約の強行採決を行った。この暴挙に反対運動はさらに盛り上がり、労働者市民学生などの巨大な群衆が、国会のまわりを取り囲んだ。6月15日、国会に乱入しようとする学生自治会総連合と警官の衝突があり、東大の女子学生が巻き込まれて死亡。さらに、6月18日33万人による「安保阻止統一行動」の労働者市民団体によるフランスデモ（手をつないで道路を行進する）が繰り広げられた。徹夜で国会は包囲されたが、参議院では審議も行われず、6月19日、安保条約は自然成立した。

政権党が、国民の反対の声を聞かないで数の論理で法を成立させるこのパターンは、以後も日本の国会で常時みられる光景となる。

4　高度経済成長時代の中で（昭和35～45年）

昭和35（1960）年12月、池田内閣で「国民所得倍増計画」が発表され、日本は、本格的に高度経済成長の時代へ突入していく。

繊維・石炭産業から、電気・機械・自動車・鉄鋼・重化学工業へ変わっていく中、若い労働者の収入は増加、「中流意識」「消費行動」が広がり、スーパーマーケットなど大型量販店も出現した。

高度経済成長の中で、物質的豊かさが世の趨勢《すうせい》となり、人々は「一億総中流」時代を生きることになる。

岩戸景気は、昭和37（1962）年、消費者物価の上昇で終わりを迎えるが、すぐに39年の東京オリンピック景気に突入し、国立競技場、日本武道館などの競技場や東海道新幹線、首都高速道の建設整備などの公共工事が活況を呈した。次いで、昭和40年11月から45年7月まで、「いざなぎ景気」と呼ばれる好景気が続いた。それは、消費主導型景気とも呼ばれ、「カラーテレビ・自動車・クーラー」（「新三種の神器」）という庶民の夢を急速に実現していった。また、日本でのモータリゼーション（車社会化）の始まりでもあった。

一方、高度経済成長時代の中で、人々の経済状況にも格差は明らかな広がりを見せていく。都市部農村部を問わず、地域での家の豊かさの程度、また同じ家の兄弟でも、わずかな年齢差で、洋服や身の回りの物質的豊かさの差、高校・大学進学の可否など、目に見える形で現れていった。

――証言

昭和34（1959）年◆テレビがやってきた……和代

私の小学校時代、家にピアノやオルガンのある級友が二人いた。彼女たちの親は、娘のために「誕生会」を開催した。誕生日に呼ばれたのは4～5人程で、少しずつお金を出し合ってプレゼントを用意した。誕生会の帰りには、お菓子や文具の詰め合わせなどのお土産が手渡された。現在はごく普通に目にするそんな光景が、すでに60年前の東北の片田舎にも現れていたのである。ただ、私がなぜ招待されたか？その理由がよくわからなかった。

当時、洋服にも差が出てきていた。私は「着たきり雀」の薄汚い子であったが、それも特に気にならなかった。似たような子は、他にも多くいた。小学校低学年まで、誰でも採ってよいとした自宅の庭の柿の木には、村の子どもたちが毎日遊びに来た。兄の友達も多く来ていて、私の家は、子どもたちの遊び場の中心地のようであった。男女混じって納屋の二階や柿の木から飛び降りる。家の側の小川で遊ぶ。水浴びをする。石投げをする。シジミやツブ貝を採る。セリやヨモギの葉を摘む。春には、桃の花や菜の花が覆いつくす里山を歩くなど、野生児のように、豊かな自然を満喫していた。

そこへテレビがやってきた。長兄の結婚を機に、我が家にも「三種の神器」が入ってきたのである。夜になると、我が家に君臨したテレビの前には、まだテレビのない近所の人が集まった。このテレビが入ったことは、村の子どもたちの精神風土に大きな変化をもたらした。

アメリカンドリーム——技術革新、大量生産、大量消費、ベビーブーム、郊外住宅街開発、各家庭にテレビ——という社会現象が10年遅れて日本に出現、特にテレビは、ラジオより強烈に人々の心をとらえた。「プロレス」「皇太子結婚」「オリンピック」は、人々をテレビの前にくぎ付けにした。以後、テレビは経済成長の下で、「大衆娯楽」の中心になっていく。「わかっちゃいるけど止められない」など、明るく楽しい流行語が茶の間を席巻、小学生の世界は一変した。友達と外で遊ぶより自宅のテレビで楽しみが得られる。個の世界に没頭できる。子どもの世界は外遊びから内遊びに変化、子どもたちが「火の用心」と村を歩いたのは私の低学年までで、子ども会活動も下火になった。また、「大量の農薬」が散布され、それまで自由に採っていた桑の実なども口にしなくなったのもこの頃からであった。野山は子どもの遊び場とならなくなった。

「戦後民主主義世代」と、「その後の世代」の決定的な違いは、その成長期に「テレビ」の普及があったことであった。1953年、レイ・ブラッドベリ（アメリカの小説家・詩人）は『華氏451度』を著した。華氏451度とは、紙が自然発火する温度をいう。

漫画以外の、本の所持や読書が禁じられ、全て焼却された近未来の物語――情報はテレビやラジオによる音声や画像の感覚的なものだけからになり、人々は、表面は穏やかだが思考力と記憶力を失い、わずか数年前のできごとさえ曖昧な形でしか覚えることができない愚民になっていた、というものである。ブラッドベリは、「テレビによる文化の破壊」と言い、『華氏451度』は1966年、フランソワ・トリュフォー監督により映画化もされた。

昭和32年、「一億総白痴化」という言葉が流行語となった。評論家の大宅壮一が生み出した言葉だ。「テレビというメディアは低俗。テレビばかり見ていると人間の想像力や思考力が低下してしまう」という意味合いで「一億白痴化」と揶揄し、それに、小説家の松本清張が「すべて」という意味で「総」を加えた。「総」は、「一億総懺悔」、「一億総中流」などにも使用されていたものだが、その言葉通り、テレビ映像が日本中の人々の意識の均質化をもたらしたことは確かであった。

一方、戦後のめざましい経済発展は、朝鮮戦争やベトナム戦争の特需景気、政府と企業の協調路線（税金を大企業の繁栄に配分する、大企業の保護育成）で実現していく。大企業と中小零細企業の格差、都市と農村部の格差、石炭から石油へのエネルギー転換での炭鉱閉鎖、男女格差などが人々を分断する中、地方に住む若者たちは、「集団就職」などで都会や社会に出ていった。地方から大都市への人口移動も急激に進み、都市の過密化、地方の過疎化の構造が出来上がる。

集団就職組は、「金の卵」と呼ばれ、中小零細企業の中核となり、日本の物づくり、高度な技術力に欠かせない存在になっていった。

昭和34（1959）年◆上京、美空ひばりのファンクラブへ……宏子

昭和34年4月27日、亀有の小さなお菓子屋さんで店員の職を得て、15歳で上京した。歌が好きだった私は、美空ひばりのファンクラブに入り、そこで知り合った金型職工の青年と23歳で結婚した。

夫は腕の良い職人で、工場を間借りして仕事をしていたが、子どもが産まれた時、亀有でお世話になった菓子屋の主人に挨拶に行ったところ、江戸川にある一戸建てを家賃並みの返済で売ってくれることとなった。昭和42年のことである。一階の一部屋を作業場として始めた仕事はそれから順調に発展した。

昭和48（1973）年には、防音設備なども施したそれまでの3倍の敷地の町工場を建てることができ、平成9年には4階建てのビルになった。それは、睡眠時間も削って働き続けた成果でもあったが、高度成長の中にあって、「働けばその対価を得られる」時代でもあった。夫の金属加工の腕は、「物づくり日本」の下町の職人の象徴のように確かであり、得意先の信用は絶大であった。

昭和43（1968）年に長女を出産、以後三人の子どもに恵まれた。家が近かったせいもあり、姉妹の子どもたちとの交流の機会も頻繁にあり、子育て期間は、それは賑やかであった。とりたてて贅沢を願ったわけではないが、何もなく、貧しい自分たちの子ども時代とは違い、子どもたちに不自由はさせなかった。誕生日、クリスマス、お正月、季節の行事には一族が集まり、映画館のような大きなスクリーンにビデオで撮影した子どもたちの姿を映し出した。家族や近所の友人たちとの旅行も毎年行った。

働けばそれ相応の見返りを受けることができる。1990年のバブル時代まで、それは充実した幸せな時代であった。

昭和36（1961）年◆水道もない山の家に嫁ぐ……芙美子

妹の結婚相手が決まった時、父は「姉から先」と私の結婚を急ぎ始めた。そこで、楢葉町国民健康保険診療所で働いていた時の人たちの世話を受け、妹に先立って24歳で結婚した。婚家は山際に立つ小さな一軒家。井戸や水道もなく、山から湧き出る沢の水を晒の布でろ過して使用するといった経験のしたことのない生活であった。

結婚と同時に、古巣の診療所に勤務。子ども三人をもうけ、「生涯看護師として過ごす」と和製ナイチンゲールを目指したにも関わらず、昭和43年、診療所閉鎖と同時に、役場職員に任用された。役場では、戸籍係、広報統計係などに従事。企画係では「原子力発電誘致」から「安全対策業務」に従事。以後、原発担当係長として、電気の恩恵に浴するであろう首都圏の反対団体との対応も担うことにもなった。

昭和37（1962）年◆兄弟姉妹の中で、初めての高校進学……義二

中学2年の時、隣町で行われた「貧乏をなくせ　失業者をなくせ　網の目行進」に、次姉に連れられ参加したことは、働く仲間との連帯の素晴らしさや、その後の私の社会問題の分析・視点の持ち方に大きな影響を与えた。

当時、家は貧しく高校進学について父は承諾しなかった。中学に入る頃から、「進学したい」という強い希望があったが、「家には金がない」と進学を反対され、一時、職業訓練所に行くことが決められた時は無言の抵抗もした。

どうしても高校進学したいという私に、先生から二つの提案があった。一つは、日本育英会の試験に合格して特別奨学金を得ること。もう一つは、町の資産家の援助を受けること。校長先生立ち合いの下で、その資産家の面接を受けたが、「卒業後自分の店で働くことが条件」という話であったため断わった。8月1日、育英会特別奨学金合格を知らされた時は、弁当も手が震えて食べられないほど嬉しかった。そして、入試倍率県下一番であった工業高校に進学した。

高校時代は、家の手伝い、夏休みは缶詰工場や日本国有鉄道でのトレース作業などのアルバイトをした。K組という土建屋で、土方のバイトをした時は、高校生というだけで時給がとても安いことが分かり「同一労働、同一賃金」と、十何人かで社長に直談判したが、軽くあしらわれた。高校柔道部では上級生の制裁に抗議するも相手にされず、結局は退部。

挫折の日々数々あるも、その転機が、高校三年の時、私をリーダーとした4人の同級生と七泊八日の尾瀬歩きであった。それは達成感をもたらすという人生の大きな体験であった。

大きな荷物を背負い、毎日20数キロ歩く行程で、時に雨や雷にも打たれ、下痢など体調を崩す仲間も出た。身体のコンディションやちょっとしたことで人間関係が悪くなったりしたこともあったが、話し合うことで解決できた。田子倉ダム所長に3時間談判し、大鳥ダム工事現場で車を出して乗せてもらったことなど、初めての体験も多く、結果七泊八日の尾瀬縦走を踏破することができた。三条の滝の素晴らしさ、至仏山からの尾瀬ヶ原の眺め、靄《もや》がすっと切れて日光湯ノ湖、男体山が見渡せた時の爽快感——後年、私が山好きになったきっかけでもあった。

高校卒業後、石川島播磨重工(IHI)に入社。入社試験が終わった後、「歌声喫茶」に連れて行ってくれたのが、姉の属するサークル「わかもの」の人たちであった。入社後、私も組合活動に加わっていくが、それはその後何十年と続く「差別」の始まりでもあった。

昭和40（1965）年◆すし詰め学級の競争社会で高校入学……和代

1960年代、私は高度経済成長の中で成長した。教室は50人のすし詰め状態で、中学校では中間テスト期末テストごとに、順位が廊下に掲示された。国が教育行政の基本とした競争原理は、当然のこととして学校の中にあった。クラスには少人数のいくつかのグループができ、クラス全体で共同して何かやるという雰囲気はすでになく、友達付き合いは限定され、私自身、親しく付き合った級友は二人しかいない。他の47名は「単に同じ教室にいる者」でしかなかった。10歳上の姉たちの時代と異なり、ほとんどが高校進学するようになっていたが、高校の格差も成績順で歴然としていた。高校の序列化は、そのまま東大を頂点とする大学の序列化につながった。高校入学後、すぐに三年後の大学入試が目の前に目標として設定された。学閥、学歴社会は、強固なものとしてあった。

テレビ世代は、競争原理教育の中で、「いかに良い大学に行くか」が一番の問題となり、激しい受験競争の中で、個人的なつながりの交友関係はより希薄になっていた。

群れることが嫌悪され、「個の世界の確立」が最上のことという雰囲気もあり、サルトルやカミュ、ベケットなど実存主義や不条理劇がより新しいものとして若者の心を惹いた。また、アメリカ文化が当たり前のようにあり、「ヒッピー」（規則や決まりを軽蔑し、当時は珍しい長髪、ジーパン姿などの「異装」で、「大人」や権力への反発を表す若者たちのこと）など既成概念にとらわれない米国の若者文化も日本の若者に浸透していった。

一方で、競争原理教育は、国の政策として以後の世代にも連綿と引き継がれていく。

証言

昭和42（1967）年◆知能指数と教科の点数が一致？……樹代子

幼い頃、「神童」と言われていた。熱を出すたびに「馬鹿になった」と親に言われたが、今思うと学習障害児だったのだなと思う。

小学校5年生の時の担任に、知能指数と教科の点数が一緒になった成績のグラフを見せられて、「あなたの知能数値でこの点数はおかしい。努力が足りないのだ」と怒られたが、「努力をする才能に欠けているのだよな」と心の中で思っていた。

この先生はグループ学習といって、児童どうしに教え合う授業をよくさせていた。児童が自分たちの中でリーダー（教える人）を決め、そのリーダーが自分のグループのメンバーを決めるのだが、私は、どのリーダーからも指名されず、いつも最後に残された。いつも残されるのは同じメンバーだった。集団行動に向かない私は、何事も簡単には納得せず、「面倒なやつ」と思われていたからだろう。

5　70年安保闘争――ベトナム戦争、ゲバ棒（昭和40～45年）

世の中は、急速に変化していた。昭和43（1968）年、日本のGNP（国内総生産）は資本主義国第2位となり、翌44年には東名高速道路が開通、勤労世帯や自営業にも自動車が普及、車社会化がより進んでいく。

同時に大気汚染、水質汚濁、自然破壊など様々な公害も多発、顕在化した。

イタイイタイ病――三井金属（神通川、大正時代から）、水俣病――チッソ株式会社（昭和28～35年）、新潟水俣病――昭和電工（昭和39年）、四日市ぜんそく――昭和シェル石油（昭和35年）などの、企業公害が人々の目の前に明らかになってきて、反公害運動も盛んになってくる。

また、東西冷戦の中、実質アメリカの傘下にあった日本での、「反ベトナム戦争」「沖縄基地返還要求」「原水爆禁止運動」「基地反対闘争」「新安保条約反対闘争」「反公害運動」「平和運動」等は、戦後民主主義世代を中心に粘り強く続けられていた。その流れの中、昭和42年、美濃部革新都政誕生、翌43年には、沖縄で「主席公選」が実現する。米国占領下の沖縄で、行政府のトップがはじめて選挙で選ばれたのである。投票率は90％近くあった。

当時は、労働組合の結束力も強く、国鉄ストなども頻繁に行われた。国鉄機関士９０００人という「首切り合理化反対行動」などにも、組合は積極的にストで対抗した。しかし、高度経済成長の中で、総評・中立労連が主流であった労働運動も、大企業を中心とした労使協調型（経営者と労働者が対立せずに協調する）、「同盟」（後の「連合」）が勢力を伸ばし、昭和42年には「総評」を抜き、労働組合の立ち位置も変化していく。

国の教育方針は、高度経済成長の中で必要な基礎学力の向上、科学技術教育への重点化、教育内容の現代化・高度化が目指された。小・中・高校では、自ら考え、意見を述べる人格の形成ではなく、徹底的な競争原理中心の教育が行われ、１９６０年代後半、そのような教育を受けてきたテレビ世代が、大量に大学に入学していく。戦後民主主義世代と以後の世代の意識の差は、教育内容の変化とも大きな関わりがあった。

一方、国際社会では、ソ連のチェコへの軍事介入や、米国の核実験再開などのほか、中国の核実験で共産主義のイメージ失墜も起こっていた。平和憲法護持や人権意識は、教育程度の高い層に多いものの、「民主主義」に対しての世代間の認識のズレが出てきた。そのような背景の中、繰り広げられたのが、「1970年日米安保条約の自動延長阻止」と「ベトナム反戦」の運動であった。しかし「70年安保反対運動」の様相は、「60年安保反対運動」とかなり異なっていた。

1965年（昭和40年）アメリカは、ベトナムの共産化阻止、南ベトナム支援のため、北ベトナム爆撃を開始、ベトナム戦争が始まった。しかし、戦争が長期化、戦死者の増加、悲惨な戦闘シーンなどがテレビで流されると、1968年頃から米国国内での戦争支持が薄れ、反戦運動が高まった。やがてベトナム反戦運動は、米国内の学生や市民だけでなく、全世界に広がっていった。

日本でも、「ベトナムに平和を」「安保反対」など、学生や労働者が「反戦運動」に声を上げていたが、運動の中に、反代々木系学生（日本共産党を支持しない共産主義学生、「新左翼」）が台頭。次第に、「反戦」よりイデオロギー対立や、「セクト」争いが目立つものとなっていた。

東大全共闘などの「新左翼セクト（グループ）」は、60年安保の担い手であった社会党や共産党を「既成左翼集団」として敵視。大学や政権側は、「組織力のある共産党が大学内で勢力を伸ばしている」から、左翼どうしで戦わせよう」と考えたようで、新左翼セクトは次第に大学内に浸透していった。しかし、大学側の思惑を超えて、新左翼はゲバ棒（「暴力」をあらわすドイツ語の「ゲバルト」と棒の合成語）を持ち、マスクをし、ヘルメットをかぶって、ジグザグデモを連日繰り返し、挙句の果ては、セクトどうし、さらにセクト内での争い（「内ゲバ」）が頻発、警察機動隊の姿が大学内外に日常的にみられるようになった。

実は、1970（昭和45）年は安保解消を目指して一歩踏み出すはずの時であった。沖縄は1972年復帰予定で、沖縄返還交渉は政治と軍事をどう折り合いをつけるかが注目されていた。アメリカでアポロが打ち上げられた日、沖縄では米軍のガス兵器が明るみに出た。

しかし、そこでも沖縄に象徴される政治と軍事の妥協があった。沖縄は、政治では、法的には本土並みであるが、軍事的には事前協議で、朝鮮・台湾・ベトナムなどに対する「米国の極東防衛義務の効果的遂行」が課せられていた。

また、この頃、「安保繁栄論」という主張があった。「安保があるから日本は平和だった。今日の繁栄を築くことができた。軍事費の節約ができた」というものである。その裏には、安保条約という実質的なアメリカとの軍事同盟のもと、「対米追随」が肯定され、安保第3条の規定がなされたという事情もあった（安保第3条：契約国は個別的相互的に協力し、継続的かつ効果的な自助相互扶助により、武力攻撃に抵抗するそれぞれの能力を憲法上の規定に従うことを条件として維持し発展させる）

様々な立場で、反戦・平和運動が行われたが、新左翼各派のヘルメット、ゲバ棒、火炎瓶などの「暴力的姿勢」は人々の心を逆なでした。「反共」「厭共《えんきょう》」という風潮が世間に漂い、結果的に、とばっちりのように、大衆運動、反戦運動そのものを弱める結果となった。
そして、70年安保闘争、東大闘争、日本赤軍の「よど号」ハイジャック事件、あさま山荘事件などと続いた過激派活動が終わりを迎える。闘争当事者の学生の多くは、何事もなかったかのように就職、企業へ吸収されていった。日米安保条約は10年経過後、日米両国いずれか廃棄を通告すれば、その1年後には条約は終了するのであるが、その後、50年間条約は変わらず存続している。

ベトナム戦争終結　　関富士子（１９７５年）

アメ横で買った米軍払い下げの軍隊服
胸ポケットの折り返しの裏に
マジックインキでへたくそに　ＧＥＯＲＧＥと書いてあった
こいつは今ごろベトナムで死んでるさ
これを着て何人殺したかわからない
――あなたの生まれる二年前に太平洋戦争は終わり
私の生まれた年に朝鮮戦争が始まった
七〇年アンポのあとのキャンバスで

わたしたちは恋をして
ベトナム戦争が終わった年に娘が産まれた――
というわけ（後略）
関富士子詩集『女友達』２００３年刊より

政治的発言が、「左」「アカ」「活動家」という言葉で忌避されるような雰囲気はあったが、市民運動は、「戦後民主主義世代」の手で粘り強く続けられていた。しかし、それが次世代に継承される力は弱くなっていた。

「テレビ世代」の若者たちは、戦後民主主義世代が繰り広げる「原水爆禁止運動」「基地反対闘争」「新安保反対運動」「平和運動」の高揚期に小中学時代を過ごした。成人してからは革新自治体誕生という高揚期の傍にいたにも関わらず、世の中に漂う「政治・哲学はダサイ」という忌避風潮のなか、あふれるような大量消費の渦に巻き込まれていた。

当時、欧米の新聞からは、日本は「成金」「エコノミックアニマル」と揶揄され、軽侮された。「経済第一主義」という価値観はいびつなものであった。しかし、アメリカの傘下で戦後復興に邁進していた日本の人々には、疑問の余地のないものであった。

また、共産党に対しては、「富士政治学校」による反共社員教育や、「勝共連合・統一協会」などの陰の組織も加わって、強力な「反共シフト」が敷かれていった。高度経済成長の中で、組合活動を担う労働者には様々な差別など集中攻撃がなされ、「第二組合」の組織化という労働者の分断が画され、労働者全体の権利行使等の弱体化につながっていく。

証言

昭和40年～（1965年～）◆反共、反組合、大人のいじめ……義二

昭和40年、石川島播磨重工（IHI）に入社後、昭和63年まで、青年の要求実現と働く者が報われる社会実現のために、労働組合の青婦協活動に参加してきた。

組合選挙に立候補したときは、「58歳以上の賃金カットを止めさせよう。配転・出向・単身赴任などに対しては本人の意思を尊重する。産業間・企業間格差を是正する積極的な賃上げの実現。過密労働を規制し、生命と健康不安をなくす。住宅手当を実現させよう」などの要求ビラをかかげた。当選することはなかったが、「首切り反対闘争支援」など会社の門前でのビラ配布は欠かすことなく行ってきた。

会社はこのような私の活動を嫌悪、それから今日まであらゆる差別、排除、見せしめを行ってきた。差別には昇給や仕事（パソコン研修・中堅社員教育・海外出張の排除等）だけでなく、見せしめとしての、いわゆる会社行事や職場レクリエーションからの排除があった。

昭和45年頃までは、親睦を目的とした全員加入の会があったが、49年にそれが無くなり、そのかわりにインフォーマルな親睦組織ができた。以後、インフォーマル組織が、レクリエーション・課内親睦旅行・新年会・忘年会・花見・暑気払い・歓送迎会等全てを担うことになった。私は、それら全てから外された。職場の人に不幸があっても、自分だけには知らされない。香典を集めにもこない。私の親が亡くなった時も、香典は集められず、後でそっと香典を渡してくれた人もいたが、全て「有志で行っている親睦会だから」「会社の方針」という理由で「やむを得ない」というのが大多数の声であった。

7000人の「人減らし合理化」の際には、退職強要も行われた。「機密保持のためにも、軍拡反対デモをする人を、軍艦づくりをする会社に置いておくわけにはいかない」など、いわゆる「肩たたき」が繰り返し行われた。

23年後の昭和62年3月人権擁護委員会に「人権救済」を申し立てた。人権擁護委員会は63年2月9日、「警告と勧告」で仕事差別・職場八分・退職強要について人権侵害があったと認定。「前近代的な人権侵害は極めて遺憾」とのコメントがなされた。

第二章

高度経済成長時代から グローバル・「新自由主義」時代へ

——昭和後期（1970〜89）
平成（1989〜2019）
令和（2019〜）

1　景気拡大・一億総中流時代意識の中で（昭和45～55年）

昭和40年から始まった「いざなぎ景気」は45年に山場を迎えた。昭和41年の東名高速道路開通時、日本の人口は一億人突破、43年にはGNPが資本主義国第2位となった。昭和45年の大阪万博、47年の札幌オリンピック、沖縄復帰などの後、48年、第一次オイルショックが起こった（産油国による石油価格引き上げにより、石油価格が一年で23％物価上昇し、「物資不足」の噂が広がり、トイレットペーパーなどの買占めが起こる）。

この時、それまで1ドル360円に固定されていた為替レートが、「変動為替相場」制に移行。景気は一時減速するも、昭和50年の山陽新幹線の開通、53年の新東京国際空港（成田空港）開港、日本列島改造論などに見られるように、日本は景気循環拡張の雰囲気のなかにあった。「ファミレス」やマグドナルドなどの外食産業は、自動車や家電の市場規模を上回り、アメリカナイズされた消費生活様式が国民の間に定着していった。

子どもたちも、急激な消費社会への変貌の中、物質的には豊かな時代に育っていく。共働き家庭が多くなるなか、「鍵っ子」（鍵をもたされ、子どもしかいない家に帰る）という言葉が生まれる反面、家族旅行、外食、ディズニーランドなどの大量消費レジャーも潤沢になる。本は、「活字本」から「漫画」が主流となっていき、漫画雑誌の人気作品はテレビアニメにもなり、一層深く子どもたちの中に入っていった。

証言

昭和49（１９７４）年◆結婚、中古住宅を購入……和代

昭和49年、結婚で私の生活は一変した。長男出産を機に、高田馬場のアパートから、江戸川区に中古住宅を５００万円で購入、転居した。まだ、いざなぎ景気の名残があり、誰もが資産を持てる一億総中流気分が世の中に蔓延していた。当時、毎年確実にあった給与ベースアップは、若い世代の「マイホーム」ブームを加速させた。

昭和52年、長男を保育園に預け、墨田区の重電機メーカーの営業課に再就職。そこは旧大蔵省や旧電電公社を取引先とし、時代の最先端である半導体や、空調のコンピューター制御盤などを扱っていた。円高、企業活動の国際化は日本企業の海外進出を加速させていたが、この会社も海外に拠点を置くようになった。

二男出産後、子育てを担ってくれていた義母が病気になり、介護のため退職した。その頃、女性の就労に対して、生理休暇や産前産後休暇という制度は普及していたが、老親の介護については、まだまだ嫁や子どもたちに負わされていた。義母を見送った後、昭和58年、江戸川区役所福祉部にホームヘルパーとして入職した。その時の給与は、前職時代より2万円安かった。

当時は、民間の方が公務員給与を上回っていたのである。
民間会社では経済成長の中で、残業・長時間労働は当たり前になっていた。そんななかでも子育て――子どもたちの成長の実感は楽しいものであった。世の中の変化は激しくとも、二人の子どもは、祖母や大勢の叔父、叔母、従兄たちなど、温かい人の手や関わりを十分に受けて育っていった。しかし、小・中学生になる頃には、受験競争など彼らも世相の変化の厳しさを実感していくことになる。

一方、戦後の復興とは無縁のように貧困の中に取り残されたままの高齢者も多く存在した。昭和42年の「家庭奉仕員」(ホームヘルパー)が区から派遣される世帯は、経済的、身体的に支援を要する要援護老人で、彼ら彼女らの住居は、半数が4畳半以下で、中には2畳・3畳という狭さの所もあった。トイレや炊事場は共同で、鍋釜食器家財が物置同然の部屋の片隅に一緒に積み上げられ、昼でも暗く異様な臭気が籠っていた。「恍惚の人」「寝たきり老人」などという言葉も生まれ、老人問題が顕在化してきた。

2 第二次オイルショック後、経済大国へ（昭和55年～62年）

昭和54（1979）年、第二次オイルショックが起こった。イラン革命の混乱で、イランの石油生産が激減、国際原油価格は3年間で2・7倍に上昇した。しかし、この時、日本企業は、第一次オイルショックの経験を教訓に、徹底した減量経営・合理化、賃金抑制策を取り、生産性向上を実現した。産業構造も、製鉄、造船などから、電気機械、自動車等がけん引役に変わり、またハイテク産業と言われるコンピューター、エレクトロニクス、バイオテクノロジーが、「成長産業」として踊り出た。

昭和55年、日本は自動車生産では世界第一位、半導体等先端商品で世界のトップに立つ。日本は、世界第2位の経済大国になったが、同時に国内の製造産業の空洞化が進んでいた。日本企業は、円高の中で労賃コストの低い東南アジア等へ、生産拠点の移設を進め、製造業でアジアに工場を移したのは2000社にのぼった。

一方、「グローバル経済」という「モノとカネ」の国際化の中で、安価な輸入農産物が市場に出回り、在来農業が圧迫され、離農も進み、日本の食糧自給率は低下の一方をたどっていった。

この頃、英国ではサッチャーが政権を取り、「大きな政府」「公設公営」から、「小さな政府」「民営礼賛」「中負担・中福祉」という新自由主義礼賛の風潮が高まっていた。日本でも、累積する赤字国債という財政再建のために、「臨時行政調査会」が設置され、昭和56（1981）年委員長に経団連の土光会長が就任。ここで出されたのが、「民間活力」重視、「三公社（電話、たばこ、国鉄事業）五現業（国有林事業、郵便事業など）の民営化」であった。昭和60（１９８５）年、日本電電公社がＮＴＴに、日本専売公社が日本たばこ産業（ＪＲ）に、62年、国鉄の分割民営化でＪＲ各社となる。また、昭和60年、労働者派遣法も制定された。

そのような中でも、消費社会の勢いは人々の生活に深く根付き、留まることなく進んでいき、国民はその利便性を享受していた。消費社会の最前線で、「テレビ世代」が親となり、熾烈《しれつ》な競争時代を生きていたが、その子どもたちをとらえたのが、昭和58年日本発祥の家庭用ゲーム機「ファミコン」であった。好景気の中でゲーム機やゲームソフトは飛ぶように売れ、クリスマスプレゼントの定番となった。

子どもたちの間では、ファミコンの話題についていけなければ「仲間外れ」のような状況も生じた。かつて、テレビの登場で「人」と「人」という生身の関係から疎遠になっていった団塊の親世代。その子ども世代は、「一億総中流意識の完成」というモノの豊かな世界で、ゲームに心奪われ、いっそう他者との生身の関わりをなくしていく。

また、生活のほとんどを会社や仕事に囚われ、過労死寸前の働き方をしていた親世代は、子どもたちには、「良い大学に入れば良い会社に就職でき、終身雇用で定年後は年金で悠々自適」という、親時代の「神話、価値観」を知らず知らずに子どもたちに押し付けていた。小学校から「東大」めざして塾に通い、猛勉強といった受験戦争は、昭和60（1985）年頃より平成時代にかけてピークに達した。そのような中、昭和60年頃にいじめの第一次ピークが起こる。

当時、テレビでは、「軽チャー」路線「楽しくなければテレビじゃない」という傾向の中、お笑い番組で、弱者や容姿の劣る者への攻撃、頭を叩く、人の弱みに付け込んだ悪口で笑いを取る風潮が生まれていた。「ネクラ」「ネアカ」「オタク」の言葉が流行し、「真面目」「正義」が「クライ」「ダサイ」と馬鹿にされ、ノリの良さ、ひょうきんさ、不真面目さがもてはやされた。

漫画やお笑い番組、ファミコンなどが世を席巻する中で、子どもたちは、深く考えるより、「視覚的な反射行動」に慣らされていた。「ネクラ」とされた者は、いじめや仲間外れのターゲットにされ、子どもたちにとって、「葬式ごっこ」や「暴力行為」も、テレビの「お笑い」「プロレスごっこ」という遊びの延長でさえあった。

時の中曽根首相は、これらの問題に乗じ、「教育改革」という政治の教育介入を開始。最終ゴールの「改憲」（自衛隊の合法化）は隠し、「多様化・国際化・自由化・情報化・人格重視」の五つを掲げ、その中でも「自由化」を強調し、「競争原理による自由」を鮮明にし、国際化時代を勝ち抜く人材育成を試みた。それは、教育を、利潤追求・殖産興業の実用的な道具とし、「指導者としての少数エリート」を育て、その他多数に対しては「国家社会に対する忠誠心」を養うという戦前回帰ともいえる道だった。後の安倍政権の「教育基本法改定」につながっていく。

「フリーター」（フリーアルバイターの略）といった言葉も流行した。転職・就職・アルバイトを紹介する雑誌『トラバーユ』『リクルート』などが全盛で、「日本型の終身雇用形態に縛られたくない」「自由人」という言葉への憧れを抱かせ、「自分探し」という言葉が巷《ちまた》に溢れていく。尾崎豊やXジャパンなど派手なパフォーマンスのビジュアルバンドが若者たちの心をとらえ、「ジャニーズ事務所」のアイドルが隆盛を極めた。また、情報化社会も急速に進展していった。

そして、世は、新自由主義風潮の漂う中、バブル期に突入していく。バブル期には、「バイトで生活費・学費をまかなえた」「正社員でなくとも、そこそこ、生活していける」という雰囲気もあった。

3　平成時代――バブル経済と世界情勢の変化（昭和61～64年・平成元年～3年）

昭和61（1986）年、対米貿易黒字は827億ドルとなり、東京外貨為替取引も増大、円高で外国資金が東京に流入し、同時に日本の過剰資金が海外に流出した。

日本国内では、企業の設備、個人消費、過剰な投機熱による株式、不動産に投資が集中した。不動産の資産価格が、異常に上昇し、不動産会社は、「地上げ」に奔走し、「札束が宙を舞う」という状況が現れた。昭和61年12月から平成3（1991）年2月までの「バブル経済」である。

このバブル経済現象は、プラザ合意（昭和60年、G5――米国・英国・ドイツ・フランス・日本で合意され、各国が協調して市場介入を実施するという経済政策）から起こった。昭和62（1987）年、ニューヨークで起こった株価大暴落、いわゆる「ブラックマンデー」でも、日本はドル価格維持のためにG5のうち最後まで超低金利政策を取り続けた。この長期超低金利がさらなる大規模な土地・株式投機のバブル経済を誘発し、地価・株価高騰の相乗効果によって資産インフレを起こすことになったのである。

バブル期、土地価格は2倍に跳ね上がり、東証株価指数も史上最高の高値をつけた。企業世界ランキングトップ10を日本企業7社（NTT・日本興業銀行・住友銀行・富士銀行・第一勧銀・三菱銀行・東京電力）が占めた。社会全体が好景気を実感した時期でもあり、また昭和35年頃から始まったモータリゼーションは、地方で「一人一台」の風潮を引き起こし、高級車志向も牽引された。昭和63年には、対ドルレートは128円の円高となった。

バブルの中、1989年に「平成」時代が始まった。世界情勢も大きく変わっていった。

日本に消費税が導入された1989年（平成元年）11月、東西冷戦の象徴だったベルリンの壁が崩壊し、翌年東西ドイツ統一がなされた。さらに、平成3年にはソビエト連邦が崩壊し、翌4年、資本主義国としての「ロシア連邦」が誕生した。同年6月には、イラクのクウェート侵攻をきっかけに湾岸戦争が勃発。平成4年1月、多国籍軍がイラクを攻撃、12月には日本から自衛隊のペルシャ湾派遣が行われた。

一方、バブル期の空前の好景気は、昼夜を分かたず、さらに猛烈に働くことが時代の趨勢となった。栄養ドリンクのキャッチコピー「24時間戦えますか」に表わされるように、過労死寸前まで働く父親の姿は、家庭の中から消えた。労働条件の厳しい3K（キツイ・汚い・給料安い）は若者に敬遠され、そのため好条件の華やかな仕事への就職のために、より偏差値の高い高校へという進学熱がさらに高まった。高校でも自校の偏差値をより上げるために生徒たちを追い立てた。そのようななかで、学校での友人関係、塾での競争と、子どもたちのストレスはヒートアップ。いじめがさらに多発していくが、状況は子どもたちの年代差で異なりがあった。

――――証言　昭和61（1986）年◆子どもは習い事、家族で海外旅行……和代

昭和61年、バブル期の始まり、長男は11歳（小6）、二男は9歳（小3）であり、野球や水泳、そろばん教室など、習い事の盛んな時期の中にあった。その年、バブル期の好景気の中、私たちもサイパンへ初めての海外旅行を経験、昭和63年にはオーストラリアに家族旅行など、バブ

ル風潮の片鱗も味わっていた。また、世間では、これまでの社会風習としての儀式――お宮参りや、葬儀、結婚式などがより派手に行われるようになっていた。

バブル景気が始まった頃、社会福祉基礎構造改革――「自立・自助・自己決定」の言葉が叫ばれ、昭和49年頃まで拡充を続けていた社会保障制度が、逆方向の縮小に向かっていた。しかし、現場ではまだ「社会福祉法」を基本に、「福祉の拡充」実践の追求がなされ、組合は「同盟」傘下であったが、「公的扶助研究会」のメンバーもいて、その様々な学習研究会にも参加できた。そのような中で、私は市場原理主義（規制緩和・民間委託）が、バブル時期と同時に進んでいたことを正確にとらえることができなかった。

平成3年、バブル崩壊が始まった時、公務員である私のボーナスは60万円、夫のボーナス70万円で、勤続年数から考えてもかつてあった公民格差は逆転していた。

平成元年（1989年）◆消費税とともに、環境問題が少し言われ始めた……香奈子

小学校3年生くらいの時だったか、消費税が導入された。当時はまだ、遠足におやつをもっていった時代だったから、「えっ、お菓子300円分買おうと思ったら、計算がものすごく大変じゃないか。先生、税込みで300円なの？それとも税抜き？」と皆でプチパニックにおちいった。

結局、皆がお菓子を買いに行く駅前の駄菓子屋は消費税が導入されておらず、とりあえずほっとしたのを覚えている。

あの当時、ちょっとずつ、「家庭や学校の焼却炉がダイオキシンを発生させていて、環境にも体にも良くない」なんて言われ始めていたけれど、うちの小学校にはそんな話題は遠くて、普通に校庭の焼却場で何でもかんでも燃やしていた。しかも、たかだか60㎝くらいの高さのブロック塀に囲われた砂場のような場所で、火が付いてない時は中に入って灰を投げ合ったりして遊んでいた。プラスチックや金属のゴミを燃やすと炎の色が緑になったり青くなったりするのが面白くて、用務員さんが火を付けているときにゴミ捨てに行くのが楽しかった。

今思うと、学校行事も多かった。普通に土曜日まで授業があったから、時間に余裕があったというのもあると思う。児童会も選挙で決めていたし、児童会が主催の行事もいくつかあった。2年生の社会科で、郵便の勉強があり、学校郵便局を2年生が立ち上げて、学校内で郵便配達するとかいう行事もあった。学校近くの農場に牛を描きに行く写生会とかもあった。隣の空き地（私有地）を借りて虫採りをしたりもした。運動会は学校の隣の畑のあぜ道に屋台が建っていた。私の9歳時、まだまだゆるい時代だった。

平成3（1991）年◆進学校中退、アメリカへ……圭（16歳の作文から）

勉強に疲れた人はたくさんいると思う。私もそうだ。大学受験のために、ただ偏差値を上げることだけに汲々としている。教師は、「学校で7時間勉強したら家で7時間勉強せよ。それが東大への道だ」という。

でも、そんな勉強づけの日々が、私には疲れた。周囲には「勉強だけの日々」を選んでいる人はたくさんいるが、私はそんな人と一緒のところにいたくない。試験で点数が取れるからと言って本当に頭がいいとは思わない。本当に頭のいい人と言うのは、物事に臨機応変、柔軟に適切に対応できる人だと思う。でも「知識」がなければ、それもできないだろう。知識を得るためには勉強しなければ、と思うとよくわからなくなる。

今の世の中は、私たち子どもに好奇心を失わせてしまう。皆、人と違うことをしたいとは思わない。将来何になりたいかと聞かれれば、「サラリーマン」と答える。「どうしてか」と聞かれたら、「どうせ皆そうなる」から…。

こんな先が見える人生は、まるでロボットのようでつまらないと思う。人生は先が見えないから面白い。決められたレールの上を走るのではなく、途中で立ち止まったり、脱線したり、後退したり、その中でいろいろなものにぶつかって、初めて見えてくるものがあると思う。自分の表現の仕方は、文学や音楽や絵画や生活の態度など人それぞれだろう。大人は、私のことを「努力もしないで偉そうなことを言うな」と言うかもしれない。でも、私は周囲が皆同じ人のように見え、自分もその中に溶け込んでいくような気がする中で、そうなりたくないと切に思う。偉い人になりたいとも思わない。自分らしく生きていきたい。少なくとも「お金」を沢山もっているから「偉い」のではないと思いたい。人間はないものを欲しがる。表向き自由だと思っている人が結構自由でなかったりもする。勉強や仕事に縛られている。働いて、仕事をして、「お金」を得なければ人は生きていけないから、その働く場所を得るために勉強する。与えられた勉強をして、目標校を受験する。そのために皆が塾に行く。今は結構先が見通せる時代だから夢もなくなってしまう。

親に望むことは、「私を必要以上にかまって欲しくない」ということ。私は何かに影響されること、誘導されることが不安だ。強情な性格だから素直になれないことも度々ある。

世のなかのこともよくわからない。こんな状況をどうしろというか。解決策はないが人と違っていたいとは切に思う（この後、私は高校中退、試行錯誤の末、日本を脱出、アメリカの高校に留学、同国で大学卒業、8年間アメリカで過ごした。）

平成元（1993）年5月、実態以上に地価や株価が高騰していることに、政府は金融引き締め政策を実施した。それが投機熱に急ブレーキをかけ、株価や地価暴落というバブル崩壊をもたらした。それまで銀行は融資先を必死に探し、「金を借りてくれ」と中小零細企業、小売商店に「押し貸し」を行っていたが、今度は反対に「貸し渋り」「貸しはがし」を開始。それでも、土地を担保に融資していた銀行は、不良債権を抱えることになり、破綻に見舞われる。

平成8（1996）年の住宅金融専門会社、太平洋銀行、阪和銀行、同9年の三洋証券、北海道拓殖銀行、山一證券、同10年の日本長期信用銀行、日本債権信用銀行など、デフレ不況が色濃くなるなか平成15年の足利銀行まで181行が倒産した。

また、平成時代の始まりと同時に導入された消費税は、高齢社会に向けて、「世代間の不公平感をなくし、年金福祉財源に」という名目であった。しかし、社会保障給付を支えているのは実質的には社会保険料で、消費税は所得税や法人税と同じ一般財源のため、それが社会保障費に使われることはほとんどなく、むしろ企業優遇のための法人税低下の補填に使われた。

また、福祉の世界には、それまでの公的福祉にかわって、「インフォーマル・セクター（非営利団体）」、「民間事業者」、「サービス」などの言葉が前面に出てくるようになった。従来、福祉は公的な「措置」として与えられるものであったが、それに対して「自己決定」という名のもとに公的支援が薄まり、自助を主体とする「サービス」が社会福祉業界を席巻していくことになる。福祉は与えられるものから、購入するものになっていく。それは後年の「自己責任」にもつながるものであった。

時代は、携帯電話の普及、書籍や新聞の電子化、情報や様々な記録がデータベース化され、キャッシュレスという現金を持たずに済む社会が急速に形成されていく。人間関係の場面でも、意思伝達、コミュニケーションが、メールやフェィス・ブックでなされていくようになった。世の中が急速にデジタル社会への変貌を見せていくなかで、便利になった反面、過剰で一方的な情報発信による扇動の危険性も顕在化していった。

証言

平成3（1991）年◆パソコンで猫が描けない……香奈子

小学校6年生の頃、パソコン教育が導入された。ランチルームがつぶされてパソコン室になった。当時のパソコンはものすごく面倒で、イラストを描くのに、いくつもの直線が引かれた画面を見ながら、英語や数字で座標をプログラムに打ち込まないといけなかった。おかげで、「猫」を描きたいと思ったのに、顔のつもりで描いた円の外周の座標がわからず、耳の線が最後までつながらなくて挫折――パソコンが苦手で嫌いになったのは、このせいかもしれない。

当時はぺらぺらの大きなフロッピーディスクに保存していたけれど、これがまた面倒で、保存データを出すのにパスワードが必要で、やっとこパスワードをいれてもデータが飛んでいたりして、本当にやる気がなくなる仕様だった。

4　グローバル経済の下での企業保護と雇用破壊（平成5～12年）

日本でバブル崩壊が始まった同時期、平成5（1993）年11月ＥＵ（欧州連合）が成立。ソ連の崩壊などで、資本主義経済が世界の中枢となるなか、「グローバリズム」「新自由主義」が急速に世界を覆っていく。日本では、細川内閣の成立で、55年体制がストップしたが、新自由主義による経済政策は、次の橋本内閣下で、「規制緩和」「金融ビッグバン」などで具体的に進んでいく。平成7年、小選挙区制度が採択され、日本は65歳以上が14％の「高齢社会」と言われる時代に突入した。平成7（1995）年、トヨタ会長が第8代経団連会長となり、ＯＥＣＤ（経済協力開発機構）戦略に則り、「新時代の日本的経営」で非正規社員の活用を提唱。平成11年には、派遣労働適用が原則自由化され、同15年、製造業派遣解禁（非正規雇用化）がされる。

それは、労働者の権利を軒並み切り崩す内容で、①雇用保障の法的規制を弾力化、経済的に必要な解雇は認める、雇用主の積極的解雇活動ができるようにする。②職業紹介の民間化。③雇い主の社会保障負担金を減らす、というものだった。

具体的には、労働者を働き方によって「正規社員」と「派遣・非正規」の二重構造に分断する。つまり、「長期蓄積能力活用型――管理職・総合職」「高度専門能力活用型――企画・営業・研究・開発」と「雇用柔軟型――一般事務・製造現場・店舗販売等単純な業務・技能職」に分けるというもの。この流れのなかで、労働者の派遣は16業務から26業務へ拡大改訂され、昭和62年の「裁量労働制」（労働者自身が一定の労働時間を定めて働く。多様な働き方が可能だが、会社の都合で長時間労働をしても残業代がつかないなどのリスクがある）はホワイトカラーにも拡大していく。

消費税が3％から5％に引き上げられた平成9（1997）年7月、金融機関破綻が相次いだ。消費者の生活より大企業の利益を優先する政策の下、前述のように、金融機関の「貸し渋り」「貸しはがし」が横行。その結果、中小企業の倒産、人員削減による失業が増大し、失業者数は過去最悪の米国並みの4％になった。

昭和63年の外国為替取引自由化を皮切りに、保険・銀行・証券会社の相互参入が始まったが、平成19年には「金融システム改革法」が成立。銀行窓口での保険販売全面解禁など、金融規制のほとんどが緩和撤廃された。

平成10年から15年まで、景気悪化を理由に企業は非正規化を進めていく。平成11年、ルノー傘下に入った日産で、カルロス・ゴーンは5工場閉鎖2万1千人解雇を断行した。

巷には176万人の失業者があふれ、「就職氷河期」が具体的に現れていく。一方、法人税は、平成10年37・5％から34・5％へ引き下げられ、その後も引き下げられていく。国の政策は、「企業の業績優先」「株高至上主義」「労働者の賃金は低下させても、企業の内部留保は蓄積させる」など徹底的に企業を保護するものであった。

企業の利益増大、労働者の実質賃金低下という中で、業績を伸ばしたのが業務請負（アウトソーシング）企業や人材派遣会社であった。

企業は、人材業務の多くを企業本体から切り離すことで、「健康保険」や「年金保険」「雇用保険」等の、社会保険経費の固定費削減ができた。それは、企業のメリットは大きくも、労働者側にとっては「何時、解雇されるかわからない」将来の展望のないものであった。派遣先社員と同じ仕事をしながら差別され、派遣会社の違いで賃金単価が違うということもとうぜんあった。

バブル崩壊後の不況で、ほとんどの企業で求人抑制が起こる。「規制緩和」「グローバル」という言葉と共に発信された政策の下で、新規採用抑制による過酷な就職難、非正規雇用形態の増加、雇用者賃金減少などによる就職氷河期時代、いわゆる「失われた世代（ロスジェネ）」がつくられる。

高卒では昭和50年から60年生まれ、大卒では昭和45年から55年に生まれた人々である。

就職氷河期時代、日本企業は国際競争力の激化の中で、新卒に対し即戦力を要求するようになっていた。それは、「ブラック企業」も横行させた。明るい未来は見えず閉塞感が覆う中で、若者世代の目の前にあるのは、マネーゲームの「勝ち組」と呼ばれる人々が、高額な収入と羨望を勝ち取っている現実と、そして社員が「資材」として扱われ、「リストラ」が横行する冷酷な社会であった。そのしわ寄せは、中小企業や地域、家庭などの弱い部分に、もろに現れていく。

経済停滞は、新規高卒者に対する求人減少につながり、その結果、大学や専門学校への進学という傾向に拍車をかけた。そこで、親世代の所得減少で、平成11年頃には「貸与型奨学金」が「市中利息より安い」という触れ込みで人々の中に浸透し、有利子の奨学金を借りての進学が激増していく。平成23年には、二人に一人が奨学金を借りるということが普通のこととなったが、それは、「教育負債を子ども自身が支払う」という構図を定型化するものとなり、後に結婚も子どもも持てないという新たな貧困を生み出す要因となる。若者たちは、経済的自立を目指すもその環境は厳しく、賃金は伸びず、長時間労働、過労の末の自死者の多発も社会問題となっていく。

平成7（1995）年の阪神淡路大震災、同年の「オウム真理教」による「地下鉄サリン事件」、「感染症O157の流行」など、バブル崩壊後の世相は明らかにざわざわしていた。

世の風潮が、「格差」を、「差別化」「個性」と捉え、「成果主義」が蔓延する中、管理主義がより強くなった学校では、表面的ないじめが押さえつけられた反面、陰湿化が進んだ。いじめの第二ピーク（平成6年から8年）である。「弄り（いじり）――他人をもてあそぶ」と「いじめ」との境界線もあいまいな中、「面白い」「憂さ晴らし」ということで、「仲良しグループ」の中で、突然「いじめ」が始まる。

子どもたちは、同調圧力や空気を読まなければならない悩みを抱えるも、親にも話さず自分の中にしまいこみ、自殺者も増えていく。また、その一方で、出生数の減少の中、「王子様」「王女様」と飾り立てる過保護、「子どものペット化」、また、その反対の「ネグレクト」「虐待」も顕在化してきた。親の高学歴化で権利を主張する保護者も増え、教師へのクレームも珍しくなくなった。学校現場では、クレームを恐れた教師が生徒と交流することを自ら規制するようにもなっていた。

――証言

平成5（1993）年◆千葉から福島に引っ越した……香奈子

中学進学とともに千葉から福島に引っ越して、最初の衝撃はテレビの内容が違ったこと。当時、映っていたアニメを見たら、何話も遅れていて、ものすごくショックを受けた。「田舎ってこういうことか…」と思った。それとともに、チャンネルに「テレビ東京」がなくて、「自分にとっての当たり前が、当たり前じゃない」ことにびっくりの連続だった。ネット環境もなかった時代、地方への情報の伝播の遅さを子ども心に強く感じた。その後の入学式で、生徒会長のお祝いの言葉にさらなる衝撃を受ける。「昨年、念願だった頭髪自由化とサブバック自由化を勝ち取り云々・・・」

え、今まで坊主とおかっぱだったの？戦後かよ・・・。その後も数年前の学校の様子を聞いて驚いた。「え、おととし辺りまでヤンキーが跋扈（ばっこ）して、校舎のガラスが全部割られた？校舎内をバイクで走るやつがいた？いつの時代の不良漫画の世界だよ・・・」

中学時代はバブル全盛期だが、福島だったからなのか、年齢的なものか、ボディコン（「ボディ・コンシャス」の略。ボディラインを意識的に強調する女性服）などはテレビで見るだけの遠い世界だった。クラスのお調子者が休み時間に机に乗ってジュリアナダンスをまねしていたぐらい。授業は「週休2日制」の過渡期にあり、隔週で土曜授業になった。部活がある人はお弁当持参で、一室に集められて、食べてから部活にいく。それまで、土曜授業はあるのが当たり前だったし、「午前中に友達と約束して午後遊びに行く」のが楽しみだったから、なくさなくていいのになって思っていた当時であるが、週休二日に慣れた今では、たまにある土曜出勤がつらい。

いずれの時代でも同じだが、若い女性の間ではファッション雑誌から流されるさまざまなブランド品や、それを身にまとうことで自己達成感を得られることが大きな価値を占める。その背後には、「男性から好まれる」という定番の目線があった。「女子高生」を「成人男性の性的欲求」の対象として「コギャル」という言葉が流行する一方、その反動のように、「ガングロ」「ヤマンバギャル」（顔を黒く塗り、髪を赤、白、青などに染める）など、ちょっと反抗的ともいえる女子高生の側の主張もみられた。

都市と地方では、「アイドル時代」「積み木くずし」「スケバン」「ヤンキー」・・・など若者生態が、少し遅れて地方へ伝播するというような時間差もあった。地方は、都市よりも伝統への愛着が強く、情報には時間差はないが、人々の意識の差が流行に対する防波堤をつくっていたのだろう。

証言

平成8（1996）年◆流行はみんなスルー……香奈子

女子高校生が「コギャル」として脚光をあびて報道されていた時代。ポケベルやらピッチやらルーズソックスやらプリクラやら・・・。友人の一部は、次々にその流行に乗っかっていたけれど、私はあえて全部スルーしていた。やってみたい格好でもなかったし、高校生皆がそうじゃなくていいだろうと思っていた。

ある意味、「あの時代の加熱した報道とか、消費の速さ」とかに不信感を抱いたから、その後も「流行には絶対のらないぞ」と、天邪鬼な人間になったのかもしれない。ハリーポッターも1、2巻の発売と同時に映画化したり、世界的なフィーバーになったりしているのを見て、読む気が失せたまま、本も映画も見ずに今に至っている。

平成10（1998）年、東海原発爆発事故、神戸の小学生殺害事件（酒鬼薔薇事件）、ペルー日本大使館公邸人質事件、香港の中国返還、ダイアナ元皇太子妃の交通事故死、不況の中の「過労自殺」などが新聞紙上を賑わしていた。バブル時代の「ふるさと創生一億円事業」（政府が地方自治体の新規プロジェクトに一億円配る事業）で、地方自治体が行ったリゾート開発事業は、バブル終焉とともに大きな負債を抱えて消え去ることになる。

平成の初めの「100円ショップ」の出現や、その後の若者のブランド志向低下は、デフレや賃金抑制のなかで、消費行動の変化にもつながっていく。世界では、平成5（1993）年、EU（欧州連合）発足、1999年から新通貨「ユーロ」発行が開始される。温室効果ガスなど地球環境問題も顕在化してきた。就職戦線では、青田買いや新卒でも即戦力にならなければすぐに解雇・切り捨てなど厳しい状況が続いていた。

平成10（1998）年◆氷河期時代の就職活動……千夏子

私が就職活動を始めたのは、1998年冬。大学3年の終わりの頃、就職氷河期時代である。当時は、「リクルートナビ」等の新卒者向けの就職サイトが開設され、会社説明会の予約もPC経由が主流であった。大企業は、先ずエントリーシートで書類選考がなされた。私も、知名度の低い大学で、「就活」に不安な要素がたくさんあったが、IT業界に的を絞っていたこともあり、「就活」の思い出は楽しいものばかりであった。

でも周りを見ると、私の周辺には、たくさん送ってもなかなか書類通過が出来ない友人や、バブル後の公務員志向が強く公務員試験に励む友人が多くいた。また、希望業種で内定がもらえず1年大学に残り就職浪人した友人、英語教員を志ざしても、その年は埼玉県で2～3人しか募集枠がなく、結局、市役所に入った友人（同期で4人）もいた。地方の県庁枠も、大卒男性12倍、女性は20倍という高倍率で、公務員志望も大変であった。

それから20年。市役所で採用担当をしている友人は、「公務員でも、国・23区・政令市を希望する人が多く、地方自治体は人材確保に四苦八苦している」と話している。時代によって就職戦線の様変わりがある。

5　加速するＩＴ社会・グローバル社会・新自由主義経済の中で（平成12～22年）

平成12年（2000年）4月、介護保険法が施行された。1980年代より、政府が打ち出した「ゴールドプラン」、「新ゴールドプラン」などを下地に、高齢社会に向けて「介護保険制度」が計画されていたが、法成立は何度も頓挫していた。その先頭に立っていた京極高宣氏は、「介護保険制度は、高齢者がお金を出すことから始める制度」「保険料の取りっぱぐれがないシステムの構築」「高齢者が消費市場の主役となる」等、「シルバー産業」の育成を主張した。

その後、介護保険は大企業が利権を展開していくツールになった。「成長産業」として、大々的に謳われた介護保険は、後に保険料も利用料もどんどん吊り上げられ、資産家に有利な制度として、国家的詐欺とも称されるようになる。

一方、介護労働者の待遇は低いままに置かれた。就職氷河期、失われた10年の受け皿に介護労働が推奨されたが、そこで展開されたのは、利益を上げるための人件費削減、限りない過重労働であった。それまでの公的な立場の「社会福祉公務労働」は、淘汰されていった。

――証言　平成13（2001）年◆浸透する反共風潮――「諸悪の根源」と呼ばれて……和代

私は、身近に共産党員を見てきたことで、彼らの主張に一貫してあるのは弱者への視点であるとみていた。支配者側ではなく、支配され人権を蹂躙《じゅうりん》される労働者・庶民側からの視点。純粋な「デモクラシー」「民主主義」「憲法に保障された思想の自由の実現」「世界全体が幸福にならないうちは個人の幸福はありえない」（宮沢賢治の言葉）のままの理想がそこにある。おそらく、末端の共産党員の多くが、現実社会の中で理想を抱き、そしてその信念に基づき純粋に活動を継続してきたのだろう。だからこそ、政権側にとっては「諸悪の根源」として切り捨てるべき存在であったかもしれない。

私自身は組織に属せないわがままな人間ということもあり、共産党には、ある程度距離を置いていたが、「シンパ」的な行動も平気でとることができた。区役所時代「良いものは良い」と共産党の主張、意見を堂々と言ったことがある。それを聞いた共産党員の職員がこう言った。「あなたは共産党員じゃないから、どこでも、なんでも、平気で言える」

また私を「左」と決めつけていた職場のある宗教信仰者の上司からは、面と向かって「あなたが諸悪の根源」という言葉を浴びせられた。それは、「政治の話題はタブー」というこの「時代の風潮」を表してもいたようだ。

介護保険法施行の２０００年前後、介護に関わる本を出していた私の元には、数多くのマスコミから取材申しこみがあり、勤務時間外のことであっても、その都度、上司に報告して受けていた。ある時、『新婦人新聞』から取材申し出があり、それを福祉課長に伝えた所、彼はこう言った。

「君は知らないの。『新婦人新聞』は共産党だよ」

「はて？共産党だと何か不都合がありますか」

このような風潮の中で、共産党員であることは、様々な所で本人に「負の側面」をもたらすものであったのだろう、と改めて合点した。

平成13（2001）年5月、ロシア大統領にプーチンが就任、以後今日までロシアを支配することになる。日本では、4月に小泉内閣が発足する。また、冷戦後グローバル社会の盟主となった米国に反発する、イスラム圏の「非国家的社会集団」がアルカイダやタリバンなどがテロ組織として活動するようになった。

同年、9月11日には、米国で同時多発テロが起こり、ニューヨークの「摩天楼」ビルに航空機が突っ込む映像が世界に衝撃を与えた。米国は、「テロリスト撲滅」という大義名分でアフガニスタンやイラクへの攻撃を開始する。これを受けて、日本でも小泉内閣は「テロ対策特別措置法案」を打ち出した。以後、世界で起こる「自爆」などのテロが、多くの一般人を巻き込む悲劇を起こしていく。

平成13（2001）年◆ロサンゼルスの朝、9・11テロを知る………裕子

9月11日、母からの電話で起こされた。

この日私は休暇を取り、米国を旅行中で、ロサンゼルスに滞在していた。

とにかくニュースを見るよう言われ、テレビをつけるとニューヨークの貿易センタービルに飛行機が衝突し、黒煙をあげながら燃えていた。その数分後、隣のビルにもう一機が突っ込んだ。

これは映画のワンシーンなのか？

時差があり、ロサンゼルスはまだ6時過ぎで、寝ぼけていたこともあり、現実に起こっているという実感がわかなかった。この飛行機がボストン発ロサンゼルス行きの便だと知り、慌ててボストンにいる友人に電話をかけたがなかなかつながらない。彼はこの日、ロスに遊びに来る予定だった。もしこの便に乗っていたらと思うと気が気ではなかったが、後日無事が確認できホッとした。

その後もペンタゴンに一機激突、ペンシルバニア州郊外に一機墜落し、テロである事が判明。

4機とも民間機がハイジャックされて起こり、およそ3000人が犠牲になった。

街から人が消え、いつも渋滞している道路もガラガラだった。楽しみにしていたエンゼルスVSマリナーズ戦も中止。空港も閉鎖され、帰国できるかもわからず不安で、飛んでいるはずがな

い飛行機のエンジンの様な音が絶えず聞こえ、怖くて眠れなかった。

実は、小学生の頃の経験から、私は飛行機の音が嫌いになっていた。私の小学校は、夏休み中の8月6日が登校日で、毎年全校児童が体育館に集まり、黙祷し、広島への原爆投下の映像を見て、原爆の歌を歌うのが恒例だった。そのため、飛行機の音を聞くと、「火傷を負い、水を求めて、さまよい歩く人々」の映像が、原爆の歌と共に脳裏に浮かび離れなくなっていた。空港が近かったため、離着陸の飛行機が頭上を通るたび、原爆を落とされるのではないかと怖くて走って帰っていた。

かつてのそれが、今、フラッシュバックのように蘇えってきた。戦争が始まるかもしれない・・・。そんな思いで過ごした数日後、空港の閉鎖が解除され、大混乱の中、なんとか無事に帰国できた時は、心底ほっとした。

日本では、平成14（2002）年2月から73か月間の「いざなみ景気」という景気拡大がみられた。「いざなぎ景気」を1年4か月上回る景気拡大だが、好景気の恩恵が偏っていたことと、経済成長が緩やかであったことから豊かさを感じさせないという特徴があった。この時期、完全失業率5・4％で、日本の経済悪化は止まらず、2002年には解雇などで住まいを失って路上に出た人々

が全国で三万人にものぼった。

証言

平成14(2002)年◆大学院に。2チャンネルがはやっていた……香奈子

「もう少しモラトリアムを過ごしたい」という不純な理由で大学院に進学。美術系の学部であったため、大学卒業時は卒業論文ではなく卒業制作で済み、大学4年間の色々なレポート作りは学校の情報センターのパソコンや、父の仕事用のパソコンを借りることで間に合っていた。だが、院では論文を書かねばならず、いよいよ自分のパソコンが必要になった。学費を全額自分で出していたので、バイト代はそちらにほぼさかれており、10万程度とはいえ、パソコンを買うほどのお金がなく、友人にお古を譲ってもらった。院生室はネット環境もあり(有線ではあったが)、さぞかし研究がはかどるかと思いきや、現実逃避で、もっぱらネットの無料ゲームとネット小説の閲覧にいそしんでいた。その頃、「2ちゃんねる」という掲示板も流行っていて、投稿はしなかったが、荒れた掲示板をひたすら読んでいて一日が終わることもあった。

携帯電話を買ったとき、デジタルツーカーという会社で買ったのだが、その後、意識して私が変えたわけではなく、気がつけばJ―PHONEになりVODAFONEになり、さらにSoftbankとキャリアが変わっていった。

新潟中越地震が起こった平成15（2003）年、製造業務への労働者派遣が解禁される。また、年金制度マクロ経済スライド制の導入、介護保険制度で食費居住費の全額自己負担となるなど、新自由主義経済を基本とした「聖域なき構造改革」や、銀行合併はさらに進んでいく。

同年、イラク戦争が起こる。米国ブッシュ大統領が、「サダム・フセイン政権は、禁止されている大量破壊兵器の化学兵器マスタードガスを隠し持っている」という疑い（実際はなかった）で、イラク攻撃を開始。日本は、米国に追従する形で、自衛隊のイラク派遣を閣議決定、初めて自衛隊を実際の戦闘地域に動員することになった。

平成16（2004）年、イラクでボランティア活動をしていた高遠さんたちが武装勢力に囚われたのはその時で、人質解放の要求は「自衛隊撤退」であった。それは、実質上は石油を巡る抗争であるイラク戦争に、「テロとの闘い」「大量破壊兵器根絶」という名目をかかげるアメリカの主張に乗って、日本が自衛隊を派遣したことへの抗議であった。しかし、小泉首相は拒否。なおかつ、首相が発したのは、「渡航しないようにと国が通達していたにも関わらず、行って捕まり人質になったのは、あの人たちの自己責任」という言葉であった。

当時、彼の発言力、実行力の強さを支持する国民も多かった。これにより「自己責任」という言葉が、思考停止状態のマスコミから発せられた。それは、日本人に、「正義」や「人権」「人道」という価値観を著しく奪わせ、「金だけ・今だけ・自分だけ」という風潮を加速させた。「勝ち組・負け組」という言葉の流行もあり、閉塞した社会の中で、自己責任論の声はますます高まった。郵政省を民営化するという「郵政選挙」は、小泉首相に大勝をもたらし、郵政民営化法が成立した。非正規雇用者は1643万人となった。

当時、「サラ金」の妙に明るいコマーシャルがテレビを支配し（これが詐欺的であることがのちに明らかになるが）、サッカーのベッカムや、野球のイチロー選手へのあこがれなど、スポーツへの熱狂が相変わらず日本の大衆の心をとらえていた。

スポーツ観戦は、普段の自分を忘れ、集団と合体する個人を超えた一体感。そこにある解放感と熱狂は、日常の窮屈さを忘れさせた。試合は、「勝つ」という目標に邁進し、緊張を緩めることなく、失敗にめげることなく続ける選手たちの姿。それはロスジェネの若者に夢を与えていた。

証言

平成15（2003）年◆就職氷河期に大学を卒業……亘

昭和54（1979）年に生まれた私は、中学時代から青年期のライフステージを「失われた20年」という時期に過ごし、就職氷河期世代と呼ばれた世代である。

平成15年、大学を卒業し就職もせず、また人生の目標もなくふらふらとアルバイトに明け暮れる日々を過ごしていた。漠然とした不安や焦りを抱えて送る日々、その状況を変えようと、三か月弱のヨーロッパへの一人旅を思い立ち、小学生の持つようなパンダの手帳を持って、スペインに旅立った。バルセロナで語学学校に通学、その後ヨーロッパを巡り歩いた。

この「あまり先のことを考えずとりあえずやってみよう」という行動力は母ゆずりと思う。片言の英語を駆使したコミュニケーションには旅の最後まで難儀したが、自分で考え、計画し、行動することの毎日は、その時の私に足りなかった何か（自立心）を学ぶきっかけとなったと思う。

日本に帰国し、すぐにハローワークへ行きホテルの仕事を得た。契約社員として入社したホテルでは、朝昼晩を問わず、とにかく働いた。しかし、二年近く働く中で消耗していく自分を感じ、働くことの意味も見出せなくなっていた。

そこで平成18年、ドイツで知った「言語聴覚士」資格取得に向け養成校に入学。3年の課程を経て国家試験に合格した。平成21年、就職先に福島を選んだのは叔母の縁が大きかった。就職後の生活では福島にいる叔父叔母、いとこ達には助けられることになる。

平成18（２００６）年、小泉内閣の後を引き継いで、安倍第一次内閣が発足した。加速するグローバル社会・新自由主義経済の中で、安倍首相は「戦後レジームからの脱却」「美しい日本」などといった抽象的なスローガンを掲げ、教育基本法の改正、防衛庁を防衛省へ格上げ、日本国憲法改正手続き法成立を公言した。

しかし、そのときできた何の理念も感じさせない「自民公明連立第一次安倍内閣」は、年金記録問題、閣僚の不祥事等で、同年7月の参院選で64議席から37議席と惨敗、安倍首相は「体調悪化」を理由に1年足らずで終わりを迎えた。

以後、平成19（２００７）年、米国で起きた住宅ローンのサブプライム・ローン破綻、20年、大手投資銀行リーマン・ブラザーズの経営破綻、アスベスト問題、ロンドンでのテロ続発のなかで、日本は平成22年にはＧＤＰ世界3位に後退する。「勝ち組」という言葉で時代の寵児となったライブ・ドア代表の堀江氏の逮捕など、時代はより混沌としていった。

一方、企業の内部保留は増大していく。にもかかわらずトヨタは、平成12年から下請けの単価を引き下げる。また、トヨタ自慢の経営手法である「トヨタかんばん方式」は、下請けに在庫を抱えさせることで、トヨタ自身が常に柔軟な対応を可能にするものであるが、それは「下請けいじめ」ともいえる構造であった。

平成20年のリーマンショックの新車市場の落ち込みで、トヨタは自動車生産を停止、容赦なく派遣社員の首切りを行い、その結果、トヨタは年3000億円の利益を一兆円に増した。下請け企業は安い派遣労働者雇用などで自衛するも、多くの中小企業がつぶれていった。

平成21（2009）年には、NPOなどが日比谷公園内に「年越し派遣村」を設置。リーマン・ショックで派遣切りされた労働者などのシェルターとして機能した。これは、「派遣切り」や、規制緩和の流れの中で、労働者を「モノ」として、資材部や購買部扱いにし、「雇用の調整弁」（企業が、労働者を必要なときに雇ったり、切ったりすることが容易にできる調整可能な働かせかた）とする事実を改めて表面化させた。

そのような中、IT社会は、より急速に進行していく。韓流映画やメイドカフェ、オレオレ詐欺、アスベストなどの話題が人々の間に流行する中、携帯電話の普及で電話ボックスがなくなり、カメラはフィルムからデジタルカメラが主流となる。若者は、携帯や、パソコンのメール、ブログ、2チャンネルなどに即対応していくのに対し、IT社会に順応できず時代に遅れをとっていく中高年の姿も見られた。

言　平成16（2004）年◆IT過渡期時代、小学校教諭になる……香奈子

平成16年、私の就職時は、団塊の世代の一斉退職の時期だったので採用数は多く、教員採用は、東京や横浜なら、ほぼ「受ければ受かる」といわれていた。実際、補欠でひっかかった私も、繰り上げ採用になった。ただ、繰り上げの弊害で「質が下がった」と言われるようになってしまい、次の年から補欠合格ではなく期限付き採用という制度に変わったそうだ。

江東区の小学校に初赴任した時、まだ職場のパソコンはデスクトップ型だったが、一人一台支給はされていた。「若いからいけるだろう」という理由で情報担当になり、ホームページを更新する係になった。全くわからず、夏休みに区のパソコン研修を受けに行ったりした。

外部のネットがつながるのは学校用の2台だけで、学校メールはそのパソコンで受信していた。毎日メールチェックをして、必要なものは印刷して担当者に渡すのだが、ものすごい数の迷惑メールが毎日入り、消すのが大変だった。そんなセキュリティがルーズなパソコンでホームページを更新していたのだから、今考えるとなかなか恐ろしい。

この学校では、チャイムを鳴らす機械の設定をフロッピーディスクで行っていた。当時のパソコンにはすでにフロッピー読み取り口など付いていなかったし、フロッピーの生産も終了していたにもかかわらずで、仕方なく外付けのフロッピー読み取り機を使用。今あるフロッピーを大事に使って設定を行っていた。チャイムの機械を取り替えて欲しいなと思ったが、結構なお値段がするとの理由で、在任中に変わることはなかった。

次の赴任校では地デジ化にあたって、学校のテレビ放送システムが一切使えなくなった。ブラウン管のテレビが撤去され、移動式の大きな薄型テレビが学年に一台ずつ置かれたが、電波の環境は整っておらず、しばらくビデオやＤＶＤを流すための道具になっていた。今まで行えていた校内テレビ放送もできず、ＮＨＫの教育番組も見られず、なんだか退化した印象だった。機械の進化がめまぐるしいために、すぐに使えない機材になってしまうことなど税金を無駄にしている気がしてならなかった。

平成17（２００５）年◆親族で楽しい新年会の背後にある風潮……和代

平成17年のお正月、親族恒例の新年会が開かれた。姉夫婦、兄夫婦、私たち夫婦、甥や姪一家など総勢26名が集合。テーブルに並べられたお刺身や寿司、鍋料理はあっという間にたいらげられた。長男や姪の結婚式のビデオを見て、あとはカラオケ。小さな子どもたちは皆のアイドルで、とても幸せな時間であった。昭和、高度経済成長時代の豊かさの名残の親族の交流が、まだまだ身近なところにあった。

しかし、その背後には、厳しい現実がそれぞれの世代にふりかかっていた。世の中にはブラック企業が横行し、テレビ局やホテルに勤務した私の二人の息子は厳しい過重労働現場に置かれていた。姪の夫も、勤務先会社が倒産、配送業に転向したが、激務にみるみるうちにやせ衰えた。また別の姪の夫の会社は更生法の適用を受け、姉の工場も厳しい状況に追い詰められていた。この時代を覆っている「自己責任」の風潮は、「家族で何とかしろ」と家族を利用する構図も持っていた。正規職につけない子どもたちに、競争を生き抜くことで豊かさを享受してきた「団塊の世代」である親世代は、「戦争のない平和で豊かな時代になぜフリーターなのだ。お前がだらしないから駄目なのだ」「辛抱が足りない」「忍耐力やチャレンジ精神の不足だ」「いまの状態は自己責任だ」などとなじり、「おまえは不良債権だ」という言葉さえ投げつける。それは、暗黙にこのような憩いの場でも背後にあり、口に出さなくても、いずれこの状況から脱却できる、閉塞感から抜け出せるという不確かな淡い希望にすがっていた。

自然災害も多発した。平成16年新潟中越地震（M6・8）、10月パキスタンの地震（M7・6）、19年新潟中越沖地震（M6・8）、20年岩手宮城内陸地震（M6・8）などであり、同時に気候変動による影響も顕著なものになってきた。

平成19年8月16日には、埼玉県熊谷市と岐阜県多治見市で40・9℃という異常な最高気温が74年ぶりに記録更新された。全国的に猛暑が続き、熱中症で病院に搬送された人や死亡者が続出した。気象庁は、ラニーニャ現象や偏西風の蛇行で太平洋高気圧の勢力が強まったのが原因で、地球温暖化と直接の関連性はないとした。しかし、日本の夏の平均気温は過去100年上昇傾向にあることは事実で、地球温暖化、地球環境破壊がはっきりと反映していると思われた。

一方、「ニート」「ひきこもり」などの言葉もすっかり定着し、自然であるかのように飛び交っていた。団塊の世代の親の庇護の下で、団塊ジュニアたちは物質的に「豊かな生活」を享受してきた。女性の間では「友達親子」という現象も起こっていた。団塊世代10年後の、「幸せを結婚で実現した女性」たちと、その娘たちである。彼女たちの「可愛い」「綺麗」と言われたいルッキズム（外見偏重）や、スマホの「いいね」への承認欲求は、美容整形など新たな流行も作り出した。一方で「虐待」「ネグレクト」など機能不全の家庭で育ってトラウマを抱え、摂食障害やリストカットを繰り返す若ものたちの存在も珍しいものでなくなった。

ジュニアたちは、インターネットなどIT関係の知識能力に優れるも、小・中・高時代は、当事者であるか否かに関わらず、「いじめ」の実態を経験してきた。強固な学歴社会と自己責任の風潮の中、競争や格差があることが当たり前という、「序列化・格差・抑圧・競争社会」の水槽の中に生きていた。

「自己責任」という言葉が飛び交う中、自分を否定された若者は、外界との交流を断ち、ひきこもる。自室に閉じこもった彼らの目の前にあるのは、インターネットやビデオ、サブカルチャーの暴力・破壊画面であった。ひたすら個の世界に没頭する「オタク」といわれる人々が水面下から顔を上げると、そこには残虐映像は隠され、まるでゲームの世界のようなイラク戦争の爆撃映像の報道がなされていた。

そのような、大量失業、就職氷河期、前途の見えない若者のニートが社会問題となっている時に、起こったのが平成20年の秋葉原通り魔事件であった。

証言

平成20（2008）年◆秋葉原通り魔事件……和代

私は、区役所退職後、各地で講師活動など行っていた。その日の同時刻、事件現場から徒歩5分くらいの所で「介護保険制度」の講義をしていた。しかし、そのような事件が起こっていることなど何も知らず帰宅した。

当時、介護業界は成長産業として、仕事のない若者にアピールしていた。しかし介護保険は「第三の税金」として高齢者を圧迫、さらには新自由主義の下、介護職の労働環境の悪化が常態となっていた。帰宅後事件を知って、介護職を希望する受講生たちが、通り魔事件の犯人や、日比谷テント村と近い次元に置かれていることに暗い思いが募った。

平成10年代当初、若い世代の中にリストカットなど自傷行為が目立っていたが、その後、うつ病や発達障害が世間で騒がれるようになった。そして、平成20年、23歳の団塊ジュニア世代の男による秋葉原事件の犯人は、これまでの凶悪犯像とは異なり、「派遣社員」「真面目」「仕事は選ばなければみつかると前向きに考え」「人に喜んでもらいたい」「ネット掲示板で社会とつながる」と考えるふつうの青年であった。居場所としてのネットが荒らされ、仕事を辞め、社会との接点を失っての犯行という、時代の闇を表すものであった。

私自身は、全くのフリーであったが、介護保険の情報公表調査活動や講師活動、執筆活動で一定の収入を得ていた。旅費を節約しながら、平成17（2005）年から22（2010）年にかけて、フィリピン・クロアチア、韓国、イタリア、ドイツ・イギリス・オランダ・キューバの医療福祉現場の視察を行ったり、実家の桃収穫の手伝いなどを行うことができていた。

しかし、子どもたちは転職や、資格取得のために専門学校へ入るなど、厳しい社会状況に置かれていた。平成22年2月、会社が工場閉鎖の危機に見舞われた知人が自死未遂を起こすなど世の不況は現実のものとして身近にあった。

6 東日本大震災と原発事故（平成23年）

平成22（2010）年、日本列島は梅雨明け以後、広い範囲で猛暑に襲われ、8月の平均気温は戦後最高値を示した。日本経済は回復基調というものの、「デフレと雇用なき回復」で失業率は5・7％と戦後最悪の水準であった。

6月、政府は「新成長戦略」を閣議決定、医療・介護・健康関連産業を「成長牽引事業」と位置づける。しかし、それは医療福祉業界の労働条件を厳しくし、国民の負担を増すものでしかなかった。

また、監視社会の序章のように、街中に監視カメラが設置されるなど、閉塞感が強まる一方、身元不明の死者3万2000人という無縁社会の様相も浮き彫りになっていた。子ども社会でのいじめ行為の悪質化は止まらず、同調圧力から始まって、行為は暴力的、残酷、陰湿になっていった。

そのような中で、平成23年（2011年）3月11日、東日本大震災、福島第一原発原子炉の爆発炎上という過酷事故が起こった（原発事故については、拙著『風の里から――原発事故7年目の死』で原発のすぐ近くで暮らし、白血病で亡くなった姉の眼を通して詳しく書いた）。

太平洋沿岸を覆った巨大津波は、福島第一原発を破壊し、放出された放射能は南東の風に乗り広範囲に広がり、住民6万1000人が避難生活を強いられることになった。この福島の事故は全世界に驚愕をもたらした。ドイツでは2022年までに、スイスでは2034年までに原発全廃を決めるなど、「安全神話」の下で、CO_2を排出しないエネルギーとして、地球温暖化防止の「切り札」のようにいわれていた原発依存政策が180度転換を迫られた。

かつて日本は、連合軍統治下で軍国主義から民主主義礼賛に価値観を一変させ、さらに朝鮮戦争を契機に、短期間で米国主導の経済復興を経験。以後、「お金」「経済発展」を価値基準として、グローバリゼーション、新自由主義へと突っ走ってきた。それら「物質的」な豊かさは、戦争中のいのちの危険と飢餓を体現した日本人にはわかりやすい目標であり、国民全てが「欲望の充足」に邁進し、「一億総中流」、「経済大国」の実現も果たした。「進歩し続ける豊かな未来」を誰も疑わず、自然や地球環境も人の手でコントロールできると信じていた。原発はその象徴であった。その福島第一原発事故は、わかりやすい「豊かさ」や、「科学」「進歩」「未来」を、信じてきた日本人の価値観に、大きな疑問符を投げかけるきっかけとなった。

事故後、東京で首都圏反原発連合が設立された。彼らの「紫陽花革命」ともいわれた金曜日の国会前集会参加数は6月1日の2700人から、4000人（8日）、1万2000人（15日）、4万5000人（22日）、15万人（29日）、と膨れ上がり、やがて下降して4万人（8月24日）になるのだが、「廃炉せよ　廃炉せよ　廃炉せよ」というラップ調のコールとデモに参加する人々は「路上の花」と称えられた。

それらの運動と裏腹に、国は原発回帰を目指していく。就任直後から原発セールスを繰り返していた安倍首相は、オリンピック誘致で壮大な虚言「汚染水はアンダーコントロールされている」を発し、平成26（２０１４）年4月には、「原発をベースロード電源に」を閣議決定した。そして、原発事故後6年、平成29（２０１７年）、ほとんどのメディアが原発取材チームを解散した。令和2（２０２０）年には、国会前で金曜日の夜、10年続いた反原発運動も終了した。

平成24（２０１２）年◆３・１１からの私……義昭

兄や姉と比べ、末っ子の私は学業も劣り、甘えん坊でとりえもそれほど無い。しかし、生まれてすぐに命を落としかけた虚弱児が、70歳まで生きられたことは感謝である。

今、何を書くかと考えたとき、思い浮かんだのは、やはり２０１１年からの13年間だ。

昭和45年に高校を卒業し就職。それから35年間、建築設計の仕事を続けてきたが、平成21年（２００９年）の建築不況にあっけなく廃業。生きて行くには何か仕事をと思うも、50歳半ばの者には厳しい現実がのしかかり、ことごとく就活は失敗。そんな時、福島県中小企業団体中央会の「農商工連携事業推進開拓員」募集があった。募集先の仕事の内容は聞いた事も見た事も無いもの。1年間のみの雇用で、給与も安い。これまでの経験が何も活かせない職種に不安にかられながら、「背に腹は代えられぬ」と応募の結果、まさかの採用を得た。

これまで何の縁も無かった仕事に就き、国の補助金やらが多く存在する事を知った。補助金の話に多くの農家や商工業者が興味を示し、申請書作成の代行支援など行った。採択された時の農家や商工業者の笑顔に触れたときは、こんな仕事もあるのだと知らされた。

3・11震災が起こったのは、大玉村のきのこ生産者さんとの最後の打合せ最中であった。その凄まじい揺れの中、至る所、寸断された道を3時間かけ帰社。事務所が入るビルにはすでに人影もなく、誰にも連絡がつかない。帰宅するにも、交通手段は何もなし。至る所が停電で、暗い夜道に雪が舞う中、徒歩1時間かけて帰宅した。ほっとしたのは、我が家周辺だけは明かりが灯っていたこと。ライフラインの被害は断水のみであったが、その後の水の確保にはかなりの労力が必要だった。原発がメルトダウンし放射能拡散時に、水の確保に戸外に並んでいた事が今では気がかりである。

そんな中、1年間の雇用契約が終了し「農商工連携事業」の仕事とは離れる事になった。次の仕事を探していたところ、震災で被災された家屋の「損害鑑定人」が足りないということで、私も、にわか鑑定人になり、査定方法を学び、被災された家屋の鑑定に走りまわった。避難地区以外の会津、中通り、浜通り各地を鑑定で巡るなかで、津波や液状化現象、揺れによる倒壊寸前の家、寸断された道路を目の当たりにした時は、復興など程遠いものというのが実感であった。

そんな中、思いがけず、福島県中小企業団体中央会より「第6次化支援事業*」の支援員にとの話があり、再雇用された。

最初の仕事は、前年に調査した農商工従事者への震災被害等の再調査で、国が決めた「20キロ圏内避難」の矛盾なども目の当たりにした。福島市内の放射能汚染濃度が、避難地区よりも高い事などニュースにもならなかったことには何か目に見えない作為を感じた。

また農商工連携ファンド、「新しい東北」、グループ補助金、企業立地補助金、事業活動促進支援補助金、農商工連携等による被災地等復興事業、ものづくり補助金などの申請書作成支援に関わる中で、巨額の震災復興補助金に群がるハイエナのごとき輩を眼にしたときはなにかやるせない気持ちになったことも事実である。

それでも、震災後、原発事故により収穫された果実の廃棄を余儀なくされた果樹園さんの苦労などを知り、相談を受ける中、商品開発支援で出来た商品が今も販売されていることは何よりかと思われる。

この時の私の経験が、震災復興、風評被害支援、復興支援活動を目的とした「一般社団法人ふくしまほっとハート夢倶楽部」の設立となり、首都圏の様々な団体の復興支援窓口につながっていった。

福島県農産物などの販売支援では、原発事故による風評も目の当たりにした。販売中、通りすがりの人が、わざわざ寄ってきて一言。

「私は福島の物は食べないのよ」

そのような時は、「ご自由にどうぞ」と返す位しかない。さらに「応援しています」と言って買って頂いたのに、遠くの方でゴミ箱に捨てられる。そんな行動にやるせない思いにかられたこともあったが、今ではそれらも懐かしい思い出になっている。

令和2年、事業計画の甘さや各団体の復興支援縮小などにより、「ほっとハート夢倶楽部」は休業、その後は6次化イノベーターとして活動しているが、現在はそれも少しずつ減らし、終活の日々を続けている。

＊第6次化支援事業　福島県の豊かな農林水産資源を基盤として、1次・2次・3次の各産業分野において、多様な主体が自らの強みを生かして他産業にも分野を拡大し、または相互に連携・融合しながら付加価値の向上また創造する取組み。

7　民主主義を壊した安倍一強政権の7年半（平成24年〜令和2年）

アベ政治を許さない――平成27年（２０１５年）、俳人の金子兜太《とうた》さんは「安全保障関連法案」に反対するプラカードの言葉をこのように揮毫《きごう》した。

平成24（２０１２）年12月、国会では、福島第一原発事故の後に、民心を失った民主党に代わり、第二次安倍政権が誕生。翌25年の参院選でも、自・公連立政権は過半数を獲得。安倍政権は衆参両院で与党過半数という構図の中で、7年半という長期政権を維持、そこで繰り広げられたのが、「与党議員数」を頼みにした独裁政治とも言える強権政治であった。

「世界で一番企業が活躍できる国」の標榜のもとの企業優先政策――法人税の引き下げや、「アベノミクスの異次元の金融緩和」――で、企業の内部保留は１・５倍に増大、円安により輸出企業や、株操作をする富裕層に巨大な利益をもたらした。

一方、消費税10％への引き上げ、労働者派遣法の改悪、過労死ラインの残業上限認可、介護保険料の引き上げ等、国民には負担のみが負わされていった。円安は、物価上昇につながり、労働分配率（企業の人件費の適正化基準）は72％から66％へ低下し、実質賃金はマイナスが続いていく。

そのようなアベ政治の中でも、「安全保障関連法」閣議決定は民主主義を脅かすものであった。昭和29年（１９５４年）の自衛隊創設以来、「自衛隊の保持は認めるが、海外での武力行使はできない」が憲法解釈の大原則とされてきた。海外で戦争するための「戦争法」成立には「集団的自衛権の行使」が必要であり、そのために歴代政府の憲法解釈を変更する必要があった。安倍首相は、法制局人事における内部昇格の慣例を破り、自分の意向に近い小松一郎元駐仏大使を長官に任命するという人事を強行。平成26年7月1日、「憲法9条のもとでは集団的自衛権の行使はできない」という戦後60年余にわたる一貫した政府の憲法解釈を180度覆す「閣議決定」を強行した。

翌27年成立した「安全保障関連法」には、「米軍の装備を防護する武器使用を可能にする。米軍に対する燃料弾薬の補給などの兵たん支援（後方支援）を拡大する」「国連平和維持活動（PKO）において自衛隊の駆けつけ警護を可能にする」「武器使用基準を緩和、妨害粉砕型武器使用を認める」などの「戦争法」の原型が全面的に含められていた。

それは、戦後70年の「非戦」を否定するものであり、国会決議を得ず、「閣議決定」で物事が決められていくという「議会軽視」で、支配者の論理がまかり通る「民主主義の否定」につながるものであった。政治は「政権体制側の利益の保守」と「経済優先」で進められ、国会での「ごはん論法」（「朝ごはんは食べていない。パンは食べたが嘘にはならないはず」という論法）など言葉のまやかしは議会を空転させ、世の中の汚濁を一層増していった。

平成27年の金子兜太さんの揮毫は、そんなアベ政治への明確な「ノー」の意思表示といえるものであった。

反対の声を出すのは「高齢者」ばかりと言われる中でも、平成27年5月3日、学生による「シールズ」（自由で民主的な日本を守るための学生による緊急アクション）も誕生した。それは、「未来のための公共」というスローガンで、平成時代最後まで続く。また、「野党共闘」という言葉も生まれた。それは、「自公一強政権」の中で、対抗するには野党が一つにならなければ、という市民の思いからであった。

しかし、世の中がざわざわする中でも、「国会構造」は旧態依然のまま変わりなく、選挙が何回行われようと、自公政権は圧倒的な多数を保持した。政治家の劣化や不祥事にも国民の感覚はマヒし、その流れは続いていく。それが選挙民の選んだ結果としての現実であった。また、「イスラム国」が、安倍首相の言葉「反イスラム国に資金提供する」に触発され、日本人二人を拘束、殺害映像が公開される中で、国民の間には「戦争法肯定」になびく空気も生まれていた。

世界では、平成29年、韓国で朴大統領が自分の友人に国政に介入させたとして罷免される一方、米国では共和党のドナルド・トランプが大統領に当選。安倍首相は、ロシアのプーチン大統領に「僕らは同じ未来を見ている」と言葉を寄せたが、三人に共通するのは強権的な政治であった。仮想コイン「ビットコイン」の高騰、マレーシアで北朝鮮の金正男殺害など不透明な情勢の中、平成30年には南北朝鮮の首脳会談が行われ、「平和路線」で合意をするも、その後の進展は混沌としていた。

国内では、政治の腐敗と重なるようにして、財務省の公文書改ざん（担当した役人は自死）、厚生労働省による毎月勤労統計不正調査発覚など役所の腐敗も続いた。

不祥事は、製造業大手でも散見され、日産自動車の無資格者による完成検査、神戸製鋼所のデータ改ざん、京大での論文不正など同様の問題が発覚していく。また、やまゆり事件（障がい者の大量殺人）、相次ぐ児童虐待死事件、池袋自動車事故、カリタス小学校スクールバス事件、京都アニメ放火事件など、時代の閉塞感を表すような犯罪や事件が相次いだ。沖縄ではどこから考えても不合理な国による辺野古基地工事が進められていた。

若者の雇用悪化は依然深刻であり、正規雇用削減、非正規雇用は一層強まり、「即戦力確保」がより重視されるようになった。「団塊ジュニア層」、次の世代の「ポスト団塊ジュニア層」等、バブル崩壊後に就職期を迎えた若者たちは、ブラック企業に即戦力として雇い入れられ、心身をむしばまれ自殺する者も多発した。大学生の奨学金利用は平成10年から26年の間に3・7倍となった。学生二人に一人がこれを利用し、借金を背負ったまま社会に出ていくことを示していた。

自然災害の多発も続いた。平成26年の御嶽山噴火、広島集中豪雨、28年の熊本地震、29年の西日本豪雨、31年1月、熊本地震、令和元年8月、秋雨前線で九州北部の大雨、9月、台風15号で市原ゴルフガーデン鉄柱倒壊、10月、台風19号による東日本全域の大雨、千曲川の氾濫、東日本太平洋沿岸の記録的豪雨などで、令和2（2020）年7月には九州地方で豪雨の被害が発生、島根県では江の川が氾濫した。

8　新型コロナウイルス感染症パンデミック以後（令和2〜）

令和2年（2020年）は、新型コロナウイルス感染症パンデミックで明けた。

1月20日、横浜港を出港したダイヤモンド・プリンセス号の乗客が新型コロナウィルスに感染していたことが判明、2月1日までに乗客31名中10名が陽性反応となる。日本だけでなく、COVID19（コロナウィルス感染症2019）の伝播は、各国にパンデミックの混乱をもたらした。4月7日の緊急事態発令と同時に、「不要不急の外出制限」「ソーシャルディスタンス」の言葉が連日繰り返され、連日感染者数が発表された。

アベ政治の7年間は、政界の汚濁腐敗、議員の驕《おご》りと劣化を加速させたが、そのアベ政治を瓦解させたのは彼ら自身の内なる驕りであった。

令和2年、安倍首相が検察人事に介入し、自分に都合のいい黒川氏の定年を延長させようとしたが、ネット上の反対運動にあって失敗。その黒川氏は、賭けマージャンで辞任した。

5月にはコロナ自粛で経営が苦しい中小零細企業のための「持続化給付金」事業に主体的にかかわっていた「電通」が104億円の「中抜き」をしていたことが判明。

さらに、6月、安倍首相が擁立した衆議院議員の妻が立候補する際、首相から渡された大金を使って大規模買収を行い、選挙違反で逮捕された。また、パンデミックに対するちぐはぐな対応（感染者が数人しかいない県を含めて全都道府県で一斉休校、各家庭にマスク2枚配布に400億円以上を外国企業に投じる、など）は、それまで一強を保っていた安倍政権を失速させた。安倍首相は、第一次政権と同じく「体調不良」を口実に、パンデミック対策を放り出して辞任した。

令和2（2020）年9月、菅政権が誕生。しかし、菅政権でも、安倍政権と同じように高圧的な政治が進められた。東京オリンピック・パラリンピック（オリパラ）は、令和3年、コロナパンデミックのため1年遅れて開催された。感染症対策のため無観客で行われたがその費用は、当初表示された予算7340億円をはるかに超えた3兆円近くにのぼった。利権、汚職にまみれ、逮捕者まで出すなかで、大会経費1兆6440億円、関連経費は国3959億円、東京都支出7349億円となり、すべて国民の税金から支払われた。

さらに、令和3（2021）年10月、岸田政権に替わると、「中国の脅威」、「ロシアのウクライナ侵攻」を口実に、諸物価高騰に苦しむ国民の暮らしをよそに、30年ぶりの「軍拡予算」が組まれた。実質的にはその多くは、安倍政権時に米国から購入を約束した「中古武器」の買い取りにあてられるもので、令和5年2月には国内総生産（GDP）の2％（5兆円）の防衛費増が閣議決定で決められた。

昭和51（1976）年、三木武夫内閣は「防衛費はGNP費1％を超えない」と国民に約束した。岸田内閣が倍の2％としたのは、「国防」というより、「米国ファースト」のあらわれで、税収割合は、一番は消費税、二番は所得税、三番が法人税であるので、防衛費は消費税という庶民の財布から最も多く賄われることになる。

国民の所得に占める税金や社会保険料などの負担割合を示す「国民負担率」も、昭和54（1979）年度の30％から平成24（2012）年度までの約30年で徐々に上昇し、令和4（2022）年度は47・5％と個人収入のほぼ半分という「高負担」となっている。消費税は、低所得者ほど生活に占める負担が重くなることから「逆累進課税」といわれる悪税である。

しかし、財界は、政権与党への資金提供を背景に、消費税のさらなる引き上げ、法人税率の引き下げを政府に要求したうえで、原発再稼働、マイナンバーカードの活用、防衛力強化を求めている。

国民・消費者が貧しくなれば、景気が停滞し、企業への資金還流が減少し、企業もやせ細る構図は眼に見えている。財界もまた、政府と同様、今だけ富んでいればいい、という「今だけ、金だけ、自分だけ」の檻の中からモノを考えているようだ。

第三章

バトンをつなぐ

――現在から未来へ

人々の目の前に、時は止まることなく流れて行く。これまで人の歴史に現れてきた、国の統治形態、戦争や災害など様々な出来事の中に、人々の暮らしは連綿と繰り広げられてきた。人々は、その時代ごとの生活様式や流行の中、楽しみ、悲しみを日常の営みに重ねてもきた。さまざまな価値観の交差する中、歴史に学び、自分が生きている時代に向き合うことは生易しいことではない。しかし、ここで「歴史に学ぶことがとても大事」という言葉を励みに、現在から未来へバトンをつなぐ試みを行っていきたい。

1　高度なＩＴ・ＡＩ情報化社会

今から60年近く前の冬の日のこと、高校の物理教師が、楽しそうに話をしていた。

「ねえ、君たち。こんな未来を思い浮かべてごらん。夕方、暗い中を家に帰るね。家が見えてくる。すると、誰もいないのに、ひとりでに家の電気がつくんだ。炊飯器にはご飯が炊き立てで準備され、風呂も帰宅時間に合わせて沸いている。家の前に立てば、機械が顔を判断して鍵が開く。今、人の手で行われている家事が、すべてリモコンスイッチ一つで、自動で行われる。人の全ての情報がコンピューターで管理され、科学の進歩は限りなく人間の生活を便利にする。科学の進歩は果てしなく続く。どうだ。そんな世界を想像できるかい？」

それは、科学雑誌に掲載された科学万能の近未来の姿そのものであった。

昭和30年代、学校の配布物は、手書きのガリ版印刷であった。電卓もなく、伝票は、そろばんで計算し、カーボン紙を挟んで手書きした。昭和40年くらいにようやく大型電卓が使われはじめた。昭和50年代からＦＡＸ、ワープロが普及、平成時代前半からパソコンが普及しはじめ、企業でのさまざまな文書管理など全てがパソコンで行われるようになった。その後、文章作成、表計算、図形作成、プリントアウトと共に、ホームページ作成など個人の間でもインターネット利用者が増大し、現在のデジタル社会、情報化社会に至っている。

現在、60年前の夢物語のような光景は、身近なところに実現している。２０２３年（令和5年）、スマホ普及率は96・３％となり、そこには地図検索など日常生活に便利な様々な機能が付与されている。人々は、スマホやパソコンなどの情報機器のインターネット回線をあらゆる分野に活用し、瞬時に情報のやり取りを行い、日常生活での買い物なども「キャッシュレス」の時代となっている。電車の中でスマホを操作している人々は、オンラインゲームで、痛みを感じない戦いに興じる。人との生身の触れ合い空間が少なくなるなかで、スマホは、多くの人々の欲求の受け皿となっている。さらに、アバターなど仮想空間で自己を開放する仮想体験も特別のものでなく、公的機関でも活用される。

生身の人間が、情報伝達社会の「バーチャル空間」と「現実生活」のギャップにどう折り合いをつけていくのか。さまざま、アナログ世代の戸惑いはあっても社会はすでに変わり、現代は「紙に文字を書く習慣」が失われた時代ともなった。

さらに「ＡＩ」（人工知能）が人の代わりに「思考的な仕事をする」時代にまでなろうとしている。膨大な情報は、全てインターネットなどに押し込められ、国も役所の諸手続きもデジタル技術で電子化の方向に向かっている。

若者世代は、ＩＣＴ（情報通信技術）・ＡＩなどが自然の感覚として身についている「新しい文化の体現者」である。生成ＡＩという「膨大な機械学習システム」から出てくる回答や技術が、人間の能力を凌駕《りょうが》していく脅威。ＡＩが社会の中心になれば、人はそれをどのようにコントロールできるのか？コントロールされてしまうのではないかという懸念も語られるが、現代人はその中で、生身の人間としての欲望を持ち、文化と精神的充足を実現していくことになる。

果てしない人間の欲望の充足に邁進した科学技術の発達の中に現れた高度なＩＴ社会。しかし、それは、人の「思考停止」も生む。また、ＩＴを拒否する者、使えない者との間の情報格差は、経済格差につながるなど、ＩＴ社会は、かなり危うい状況の中に成り立っている。

さらに、人々が情報・消費社会の中で、自分たちが何の疑問もなく享受しているパソコン、スマホなどの機能が、実は巨大なネットワークの中でビッグデータとしてとらえられ、ある意味で一挙手一投足が監視され、コントロールされている非常に恐ろしい社会でもある。フェイクや情報操作で人の判断が操作される危険性も見逃せない。

ＩＴ社会のメディアコミュニケーションのありようは、さまざまな課題を人に突き付け続けている。

証言

昭和55（１９８０）年◆40年前の「ワープロ」……樹代子

初期のワープロは、画面に2行しかでない。そのワープロで子ども会の名簿を作るのに、名前を打って罫線を入れると半角ずれたりして、一行ずつ送って確認しなければならず、なかなかの作業だった。印刷も感熱紙だった。ワープロの画面が大きくなったときは感動したが、スキャナーも手に持ってゆっくりスライドさせるタイプで、一定の速度で動かさないと読み取れずなかなかの技が必要だった。

令和３（２０２１）年◆「アナログ人間」を貫けない……和代

介護保険法の下で仕事をしていた私に、厚労省通達で、「society 5・0スマート社会」という言葉がはじめてやってきた。「ＩＣＴの活用で、紙媒体の情報のやり取りを見直す」「情報のＩ

CT化でエビデンスに基づいた科学的介護を促進する」というもの。デジタル社会への切り替えは、国の法施策にも及び、人は否応なくそれに対応しなくてはならない状況に追い込まれていたのである。久しく、喫茶店や電車の中で、無言でスマホに見入っている人々の姿に懸念を抱いて、「自分はアナログ人間でいい、自分の日常生活にはそれほど影響はない」と思っていたのが、予想を上回り社会は進んでいたことを思い知らされた。さらに、この20年で、インターネットの世界は1000倍も速くなり、情報伝達も双方向のweb2時代に変化してきている。

令和5（2023）年◆コロナで一気にICT化進む教育現場……香奈子

コロナがあって、一気にパソコンやタブレット端末、インターネットなどの情報通信技術を活用したICT教育が進んだ。児童にも教師にも1台ずつタブレットが渡され、「必要に迫られれば、予算組めるんだなぁ」と感じた。正直、教師のICTスキルにはまだまだ差があり、使いこなしている人とまったく使っていない人の差がどんどん開いている。

一方、生徒たちは、教師の隙をついてユーチューブを見まくり、無料のゲームをしまくり、勝手にクラスの「チームス」に悪口を書込み、まさに無法地帯である。ネット・リテラシー教育（ネットに対する知識とそれを活用する能力）が追いつかないまま導入された弊害を、日々感じている。タブレット依存症状もかなり出ている。学校も、ルールやマナーを指導しているが、いたちごっこで、今後が不安でならない。

令和5（2023）年◆AIでかえって不便になることも………樹代子

はるか50年前、中学校の時「未来の暮らし」的な特集を見て、「家にいて、学校に通わなくても学習出来るようになるなんて、それが本当になったら便利だなぁ」と思っていたが、今、実際リモートでの学習や仕事が現実になりびっくり。でも、いざなってみるとたいへん不便に感じている。

私の仕事（盲聾手話通訳）は、目と耳の両方が不自由な人に、周りの状況を伝えながら行動をサポートするというもので、この通訳は実際に相手の手に触って行わなければならない。言葉だけでなく、相手の表情、その場の状況や雰囲気までも伝えるためには、リモートでは読み取りきれない。つまり、リモートでは不可能な仕事なのだ。

IT化が進み、人がやってくれていたことがすべて機械化されていき、かえって不便になっているると感じることも多い。買い物などでも、「盲聾唖者」の方が自分でやらなければならないことが増えている。目も耳も不自由というイレギュラーな客に対して、機械は対応してくれない。店に人がいないので、通訳介助が仕事の私に、そのような仕事が回ってくる。レストランでは料理をロボットや機械が運んで来るが、それを取ってテーブルに運ぶのは「客の仕事」だし、運んで来る機械は絶対に道を譲ってはくれない。

駅の改札口でも、障害者割引をしてもらうためには、有人改札口まで遠回りしないといけない。窓口が少ないのでいちいち行列することになる。これからそういうイレギュラーな客、ニーズが多様化していく中で、全て「機械」「ＡＩ」で対応出来ると思えない。

2　温暖化――待ったなしの地球環境

令和元（２０１９）年、スウェーデンの環境活動家のグレタさん（当時16歳）は、「人為的に引き起こされてきた地球温暖化。このままの量で二酸化炭素が排出されれば、８年半で１・５℃地球温度が上がる。未来でそれを引き受けるのは若者の自分たちだ」と声を発した。

同年、国連から提出された気候変動に関する報告書でも、「産業革命前と比べ世界平均気温は１・１℃上昇。現在の温室効果ガス削減目標では21世紀中に１・５℃超える。１・５℃未満に抑えるためには２０２５年までに減少に転じさせ、２０１９年比で60％削減が必要である。この10年の選択と実施対策が数千年先まで影響する」と述べられている。

　産業革命以後の近代社会、人間の「欲望」は、経済を急速に発展させてきた。現在、世界の中枢となっている新自由主義経済、グローバル経済は、科学技術の進歩と対で行われてきたが、そこで繰り広げられたのが、巨大プランテーションや大規模農業の開発であった。それは食糧の大量生産を可能にした。50年前高級品であったグレープフルーツは、今は100円で買えるようになり、同じように、100円で買えるバナナ、アボカド等と人々の大量消費に結びついたが、それらは、全て広大な森林伐採と引き換えに行われた大量生産の結果であった。人間の経済活動は、森林の喪失、水源の枯渇などの地球環境破壊をもたらし、決定的な水や空気など深刻な環境汚染、地球の生態系の崩壊や気候変動を引き起こした。

　令和5（2023）年の夏は、地球規模で高温や森林火災に見舞われ、真夏日が3か月以上も続くかつてない酷暑となり、メディアには「地球沸騰」という言葉さえ踊った。世界中で起こった森林火災（アラスカ・シベリア・オーストラリア・ニュージーランド・カナダ・アメリカ・ハワイなど）や、台風、線状降水帯、集中豪雨の多発による大洪水（2022年6月、豪雨による洪水でパキスタン国土の三分の一が水没）など、地球環境破壊に関連する被害は幾度も起こっている。地球温暖化、環境問題――人間の生きる基盤そのものの危うさを引き起こしている問題はもはや先延ばしにできるものではない。

また、地球環境問題に重なって、グローバル経済のもう一つの問題がある。グローバル経済は、食料品だけでなくあらゆる分野に価格破壊を起こした。安価な衣料品など、何気なく当たり前のように、私たちは今もグローバル経済の恩恵を受けているが、その背後に地球の南北格差がある。北半球の資本家が南半球の労働者を酷使、労働に見合う報酬を与えず、巨大な利益を独占する。地球の北と南で、貧富の格差、支配と従属という問題である。そこには、食糧危機も存在する。地球の総人口の1割の7億人が「飢え」に苦しみ、2億7千万人が「深刻な危機にある」と報告されている。砂漠化、部族間紛争、バッタ被害（ケニア）、干ばつ、気候変動による食糧難（アフガニスタン）、コロナや洪水（南スーダン）等々の問題は、グローバル経済の負の部分を引き受けてきた「南」の国々に多い。

さらに、ここに原発稼働、戦争などによる、明らかに人為的な地球環境汚染（水と空気と土の破壊）なども加わってくる。日本政府は、福島第一原発過酷事故11年後の令和4年2月、「脱炭素社会」の名目で、最長60年とされている原発の運転期間を実質的に延長できる法案を閣議決定。令和5年8月には、福島原発処理水の海への放出が開始されたが、空気と同じように、世界を結んでいる海水への影響がいつどんなふうに出るか、それは誰にも分らない。

クレタさんの言葉が心に重く響く。

「大人は責任を負わず、私たち若い世代に結果を押し付ける」

3　民主主義の危機と格差社会

政治・経済——それは、特定の「国家」に所属している私たちの日々の生活に密接に直結している。日本は、議会制民主主義と資本主義の国であるから、国民は選挙で自分たちの代弁者である議員を選び、政治に参加する。政治・経済に関する様々な法案は、その国会で審議され決定される。

しかし、現在、多くの人々にとって、政治・経済は「遠いところで繰り広げられている自分とは直接関係のないもの」のようだ。その関心の薄さを端的に表しているのが、選挙の低投票率で、「選挙に行っても無駄」と多くの人が「棄権者」となっている。日本の投票率の低さは、世界194国中139位である。

日本の国会議員の選出方法が「小選挙区制」という多数派に有利な仕組みであり、国会が数の論理の横行する世界となり、長期政権を可能とし、必ずしも民意を反映するものとなっていない。そこに、「個人が声を出しても何も変わらない」という諦めや無力感や疲弊感から、人々は政治経済から目をそらし沈黙する。また、人々の短絡的な欲求の受け皿としてネットなどの発信力を利用するポピュリズムの台頭、無責任で声高な人々のネット拡散等々が、一層人々を政治経済から遠ざけ、民主主義という基盤を弱めている。

私たちが属する「国家」は、人間が「共同社会」を営む中で、権力者が土地と人の支配を束ねるなかで成立してきた。「遠交近攻」（遠くの利害のない国とは仲良くし、利害関係のある近隣の国には攻め込む）というが、人の歴史は、「様々な利益をいかに手にするか」という国家間の利害関係での争いの連続であり、それが数々の「戦争」を引きおこしてきた。

その「国家」という枠組みでは、「国民」は「個人」ではなく、「群」になり、「大儀」のためには「犠牲もやむを得ず」となる。日本の為政者の思考方法も、「国家」が第一で、「一握りの秀才がいればいい。あとは働きアリ、兵隊アリでいい」であった。

近年では、政府、経済界は、序列化・格差・競争社会の教育の中で、国民に「自己責任」という概念を植え付けた。「国家・経済」の視点からすれば、「進歩」「競争」「勝ち負け」は人々へアピールする大きな動機付けとなり、国際競争力は「為政者」たちの重要な視点となる。「成果主義」の価値観では、「格差」は、「個性」となる。政府に直結する（多額の寄付を政権与党に献じる）大企業を中心とした経済界も、「国際競争に負けても、内部保留はため込む」という企業の存続に余念がない。

国民も、「欲望の刺激」の行動心理に支配され、「お金」への執着に走ってきた。競争社会で勝敗が重要視され、全てが「お金」で解決できるとされた。その背後にあるのは、この数十年世界を支配してきた「欲望の資本主義」「新自由主義」である。それらは、日常生活で実際に流通する貨幣だけでなく、AIを駆使し、仮想通貨や株・国債などの売り買いで流れる巨大な「お金」の流れも作り上げた。そこを支配しているのは1%の富裕層であり、この1%が、国と結びついて、政治の方向性を誘導する。

私たちの生活・行動圏は本当に狭く、ガス・水道、電気などのインフラ基盤と、ある程度の暮らしをまかなう「お金」があれば、食べて、生きていくことは出来る。「権力」や「大勢」へ順応し、服従し、国から流される情報を批判せず受け入れ、「国」が決めたことに従い、国家経済という複雑巨大かつ不透明な「お金」の流れの仕組みの中で、自分なりの家計を賄っていく――それが大方の国民の行動である。

究極の悲劇は、「善人の沈黙」からと言われるが、最後には国民も「私は何も知らなかった」と責任回避に至る。それは、為政者が望む「国民の思考法」でもある。

一世代前の「戦後民主主義世代」の価値観には、戦争実体験の記憶から、「思想、信条の自由」、「平和への希求」、「憲法遵守」、「民主主義への信頼」が大きな位置を占めていた。今、その「戦後民主主義世代」が没し、戦争の記憶の継承が途絶えていく中で、学校教科書のなかでも歴史の意図的な解釈変更、改ざんなどの歴史修正主義が現れ、「平和」がなし崩しに意味のないものとされようとしている。

ウクライナやガザ地区で行われている戦争による大量殺戮など、世界の情勢は、再び戦争の道へと回帰させようとしている。日本も、軍事費のこれまでにない増額や武器輸出など戦争への加担の道を歩み始めている。また、現代の戦争は、架空空間のゲームのような非現実感を人びとに与える。ドローンやＩＴ技術を駆使した遠隔操作での攻撃が中心になっていく。「経済優先」で平和主義者が侮られ、「すでに戦前が始まっている」という言葉もあるなかで、「改憲」の動きや核の脅威など、人類滅亡の危機をも呈している。

これら、私たちを取り巻く情勢は、国家の中で行われ、それを仕切っているのは政治家である。しかし、今の日本の政治家は、国民の目には「鳥無き里の蝙蝠（コウモリ）」のようにしか見えない。コウモリは、鳥のいない里では鳥でもないのに鳥のように振舞う。日本の政治家も同じで、自分たちに都合の良いように政治を動かすが、結果についての責任は誰も取らない。責任を取らないのは国民も同様である。どんなに、政治の場が腐敗していようと、自分たちには関係がないと醒めた目で見ている。

しかし、ヒトラーもトランプも安倍も国民の支持を得て合法的に政権の座に就き、結果、ヒトラーはホロコーストを行い、トランプは事実を軽視した言動で米国や国際社会を混乱させ、安倍らは度重なる「閣議決定」で議会民主政治の土台を壊してきた。現首相は、中国、北朝鮮という隣国を口実に、軍拡に突進し、無責任なマスメディアがそれを後押ししている。

けれども、また、社会の在り方は、決して固定的なものではない。

2023年、埼玉県議会の子育て虐待禁止条例の改正案（小学校三年生以下の子どもに留守番をさせることを虐待とみなすという条例案で、一人親、共稼ぎの親には過重負担となる）は、議会で多数を占める政党から出され、可決は確実視されるところまで進んでいたが、市民の猛反発で廃案になった。

これは多くの家庭で明日からの生活を脅かす法案にもかかわらず、抽象的な議論で法案が成立してしまうという事実を有権者に突きつけ、改めて選挙参加の意味を国民に問うた。選挙で棄権する行為は、自分の首を絞めるものである。世界や自国の政治経済は自分の家計経済につながっていて、そこに「選挙」という行動で参加できる道がある。そして大衆の声が全く無力でないことも国民に知らしめた意義は大きい。

鳥無き里のコウモリが跋扈《ばっこ》している現代から、本物の鳥の飛び交う未来は、一人一人が、自立した自由な個人として、時代に流されず、大衆の中に紛れず、きちんと自分の意見を発することから始まるだろう。

4 「自由」への希求

自由——それは、人間が本能的に求めるものである。

しかし、これまで見てきたように、私たちは実に多くの物に囚われている。地球環境、IT社会、国家、政治、経済・・・私たちは、それら巨大な仕組みから逃れることはできない。

令和6（2024）年5月3日の憲法記念日、東京新聞社説に「洞窟の囚人から脱して」が掲載された。

社説では、平成26年に集団的自衛権行使容認を安倍内閣が閣議決定した時から、「憲法無視」「国会が存在しない」「国民も蚊帳（かや、蚊を避けるための網）の外」「憲法や法律の解釈も自由自在に変更」といわれるように、政府が思い通りの政策を進める政治風景があらわれた。それが洞窟の影絵のように国民に当たり前の光景になっていることが述べられていた。

洞窟の比喩——それは、プラトンの『国家』に著されたもので、地下の洞窟に住んでいる人々は、子どもの頃から手足も首も縛られていて動くことができず、洞窟の奥を見ながら、振り返ることもできない。入口のはるか上方に火が燃えていて、人々を後ろから照らしている。動物などの像が火にかざされると洞窟の壁に影絵が映り、それが真実と思う。ある一人が束縛を解いて洞窟の外に出て、影絵とは全く別の姿を見る。それを洞窟の囚人に話すが、影絵こそが真実と思っている人々は誰も信じない、というものである。

確かに、私たちも誤った情報だけしか与えられずに、自由を奪われた「洞窟の囚人」のようでもある。では、洞窟の囚人が自由になるために必要なものは何か。

それは、「学び」とそこから得られる「客観的で冷静な思考力」ではないだろうか。

もともと「学問」は、生きるために必要不可欠な「知識」を取得するためのものであった。例えば「文法」は文書を正しく理解し、「修辞」はそれをわかりやすく他に伝えるために必要であり、弁証法は正しく物を考える方法であり、算術は税金の計算、天文は時間を測り耕作の目安になった。そのために、「考える」よりは、「手法」としての「知識」を「頭に叩き込む、暗記する」ことが第一とされた。しかし、今、「知識」は、ほとんどがコンピューターの中に集約されており、「ググれば」すぐに答えが出てくるが、その答えが正しいかどうかは不明だ。ＡＩは入力されたデータから答えを導くが、そのデータに、意図的に偏った歴史観や価値観、フェイクが投入されれば、導き出される回答は大きく異なってくる。

そこで大切になってくることが、「歴史に学ぶ」という姿勢と、その答えが真実かどうか見極める冷静な思考力である。人間は、「文字」を持って自らの文明の興亡、戦争、自然災害など時代についての記憶を伝えてきた。生身の人間が見てきた証言、記録、歴史は、あくまで事実に基づいたものである。それら先人の言葉に耳を傾けること、歴史に学ぶことは、目の前の時代の解読に必ず役にたつだろう。

「自由」の反対は「隷属」である。人類史上にあった「奴隷制」は、1888年、ブラジルで消滅以来、日本では無縁の物のようにとらえられているが、現代社会において、非正規・派遣など身分保障のない働き方や、労働の分野でも機械が人間を支配していく近未来に「奴隷制」が、全く仮想の世界ではなく新しい形で蘇えるという人もいる。だからこそ、自分たちの生きている社会の仕組みを、歴史に学びながら正しく理解することが今求められている。

「真理が我らを自由にする」（新約聖書の言葉）。それは、未来へつなぐキーワードでもある。

5　人の絆の復権――記憶を糧に未来へ

この半世紀の、高度な情報化社会への急激な変化は、近世まであった「人の絆」「年長者が伝えた知恵や知識の力」―地域近隣社会の絆」を失わせた。人の意識、情緒、共感能力、信頼関係などは、情報化時代の効率性や生産性の陰に押しやられがちである。

しかし、人の生きている意味、幸福、大切なこと、価値あるものは何か？人の幸せとは何か？という根本的な問いは、今も変わらず私たちの前に投げかけられている。

「人」を生物学的に見れば、「生殖行為」でＤＮＡをつなぎ、母親の胎内に10ヵ月育まれて産まれる。動物も親子で過ごす時期を持つように、社会の成員として自立するために、「人」は「家族」という「絆」の中で十数年の時を過ごす。それは、「人」が、他の生物と同じように、繰り返し初歩から出発する存在であることも示している。また、これまで地球上に生を受けてきた膨大な数の「人」一人一人が、「クローン」などでは決してなく、「唯一無二の生命体」であったという奇跡のような事実も見逃せない。

そのような中で問われ続けている「人の幸せとは何か」。その答えの一つに、人の存在の原点である「家族の絆」が見出されるかもしれない。近年、家族に関わる様々な問題が起こっているが、古来、多くの人々が、そこにささやかな幸福感を見出してきた。また、「家族」に関わる愛憎や葛藤も、様々な価値観、感情を絡めながら、時代を超えて繰り広げられ、語られてきた。「家族」が「人間」の生きる基本的な拠り所、絆であることは否定できない。家族という共同体を魅力あるものにしていくことが、人の幸せに結びついていくということ。それも、一つの真実ではないだろうか。

もちろん、家族を持たないことも、幸福な選択肢の一つであろう。しかし、他者との愛情による絆はこころを安定させるうえで絶対に必要なものだと思う。人は必ず最期には一人になる。血のつながりが重要なのではなく、人との心のつながりを求めていくことが大切だが、家族はそのつながりのわかりやすい土台の一つである。

証言

未来へ◆人生を豊かにしてくれた家族………一夫

中学、高校と野球部に入っていた私の当時の生活はまさに「部活漬け」という日々であった。特に、高校時代は、決まった休みは正月の二、三日だけ。後は朝から晩まで野球、野球の、文字通り野球漬けの二年半であった。入部初日から、「入部したことを後悔」し、「辞めたい」「休みたい」と思わない日は一日もなく・・・。しかし、結果として、脇目も振らずに一つのことに没頭できたのは人生の中でこの期間だけであった。と同時に、ここで一生を通じてつきあえる仲間ができたことも事実である。

時代が過ぎて、2011年、三人の子どもたちも、東日本大震災や原発事故の影響を受けながらも、高校まで部活動を続けた。長男と長女は剣道、二男はバスケットボールと野球と違いはあるもの、相手に真剣に立ち向かう姿にはその時々の成長を実感させられた。特に、長男は原発事故後の影響で、高校最後の1年間は仲間とも離れ離れの中、サテライト校で過ごすことになったが、最後まで剣道に打ち込む姿勢は崩さなかった。ハラハラドキドキしながら応援するという、親にしかできない経験をさせてもらった子どもたちには「感謝」「感謝」である。私の人生を豊かにしてくれた子どもたちが、母の兄弟たちのように、仲良く支え合いながらそれぞれの幸せな人生を歩んでほしいと心から願っている。

未来へ◆広がる絆……幸恵

音楽が好きで、「音楽に関われる仕事につきたい」と、中学校の音楽教師の採用試験を受けたが不合格。小学校で講師をしているうちに「小学生はかわいい」となり、平成元年、小学校教員になった。

そこで出会ったのが、一つ年下の一夫さん。一見ワイルドに見えるが繊細。気になる存在で、出会って3年後に結婚、三人の子どもを授かった。一夫さんの親戚である斎藤家の面々は、皆個性的で、素敵な笑顔や、誰でも受け入れる包容力は断トツで、一気に絆が広がった気分になった。桃収穫時には、兄弟が大集合。早朝の収穫出荷作業にいそしむ兄弟姉妹の結束力には目を見張るものあり、桃の味も極上であった。

教職について、責任の重さや教育現場の難しさや矛盾に続ける自信がなくなった時、「何でも10年やってみないと分からないよ」という教頭先生の言葉に、それなら10年、もう10年と結局30年も続けることができたのは、家族、同僚、担任した子どもたち、保護者の方々など周囲の支えのおかげであり、ただ感謝しかない。

55歳で退職を決めていた私は、新型コロナウイルス感染症流行の始まった2020年3月に退職、その数か月後に父が他界した。退職したために、会津の病院まで何度となく父を見舞うことができたことは、家族としてせめてもの慰めとなった。現在、自分と家族のために使える時間を手に入れたこと。使いたい食材でのんびりと調理できることもマイペースな私にはとてもありがたい日々である。

未来へ◆家族の絆の中で……由佳

平成13（2001）年、全国的に共学の高等学校が一般的な体制となっていっていく時で、私の高校受験時期でもあった。それまでの女子校や男子校が一斉共学になる中、進学校の倍率は高く、私も第一志望校はみごとに不合格、その後、紆余曲折の後、看護の道に進むことになった。

看護の道を選んだのは、高校2年の時。小さい頃からよく面倒を見てもらっていた曾祖母がほほ寝たきり状態となり、自宅で看護する母を私も手伝った。私は家族の一員として母の手伝いをしていただけの感覚であったが、その都度、曾祖母からの笑顔で、「ありがとう」という感謝の気持ちを伝えられたことは、自分の中で響いて忘れられないものとなった。会津という古い因習の残る土地柄ではあったが、家族の絆や人情はあつかった。

看護学校に通うには家を出なければならなかった。実家を離れることに抵抗があったが、「今しか家を出る機会なんてないのだから、行ってきていいよ」と母に背中を押され、家を出た。今の私が、私で居られるのは、出会ってきた多くの人に恵まれたからであるが、看護学校に通う私を気持ちよく送り出し、一人暮らしと学費を支援してくれた母、見守ってくれた父、祖父母等家族があってのことである。

そして、今、私にも、何にも代えがたい家族ができた。

11歳の長男は言う。「ゲームも好きだけど、何と言ってもソフトボールが大好き。試合で勝つととてもうれしい。大切なものはグローブと家族。宿題は嫌だよ」

5歳の次男は言う。「公園で遊んだり、遊園地で観覧車に乗ることが好き。車が大好き。じいちゃんのトラクターに乗るのは最高！ママにほめられる時がとってもうれしい。怒られるのは嫌！この間、鉄棒で、ツバメが出来たよ！」

2歳の長女も負けずに言う。「いちごとうさぎちゃんがだいすき。アンパンマンであそぶの、たのしいよ。パパとママとおにいちゃんたちといっしょがうれしい。鬼さんはこわいよ！」優しい夫と3人の子どもたち。家族は、私のなによりの幸せである。

絆の復権

人々の生活は、基本的に地域社会の中で、他者とのコミュニケーションの中で営まれている。情報化社会がどんどん進む一方、スマホやネットの中でフェイクな情報など混乱している現代。そこで改めて大切なこととして、他者との「生のコミュニケーション」「共通の記憶や体験」が浮上している。

「人の絆の復権」である。

人がこれまでコミュニケーションで培ってきた共感能力や信頼関係。自分以外の人々と、価値観を共有し、未来を構想していくこと。それは、人に自己肯定感を与え、孤独から解放し、幸せにつなげる。

コミュニケーションの形はさまざまで、音楽やスポーツのような、五感と身体を使うコミュニケーションもある。五感は、動物が外界を感知するものであるが、人はその五感を研ぎ澄まし、さまざまな文化を育んできた。何百年も前の絵画や音楽や文学が、時空間を超えて現代の人の心に響き、感動させ、幸福感をもたらす。「良いものに感動すること」が幸福感に直結するからである。そこで得られる自己達成感は、さまざまな制約から自己を解き放ち、「精神の自由」を産み出していく。

それは、人の気持ちがわかり、自分の知識や知恵を周囲の人への配慮に用いることができることにもつながっていく。喜びや楽しさの感情は、ＩＴ社会というこれからの時代一層大切なものとなるだろう。

これまで、時代を振り返る中で、「支配者」と「支配される者」が常に存在することも見てきた。今、私たちの目の前にあるのは、人間どうしの生身の触れ合いが希少化し、「正義」や「倫理」が死語になりかかったような、ダブルスタンダードが横行する反理性的風潮である。

国家の論理が横行し、個人では抗うことが困難な構造のなかでも、変化しつつある地球環境や人々の暮らし、そこで起こるさまざまな困難について、臆せず声を発していくことが重要であろう。１％の「強い者」が支配する世であっても、99％が声を出していくこと、「事実を見極める力」はいつの時代にも失われてはならない。それを後押しするのは、「知性」「理性」「客観性」「公平性」「倫理観」である。これらは、戦後民主主義世代が一貫して追い求めてきたものであり、私たちも引き継いでいかねばならないものである。

未来に求められるのは、一人一人の素朴な感情が大切にされる社会、はみ出た人を排除しない、自己責任でくくらない寛容な社会である。現代の複雑な社会で、民主主義の形も問われているが、基本は、歴史に学び、自らの歴史を伝えていくこと。

生のコミュニケーション、人の絆の復権を築いていくなかで、冷静に、理性的に、「私はこう思う」と世の中を見つめ、それを行動で示していくこと。一人一人が、記憶を糧に、未来へ希望のバトンをつないでいくことである。

それは、未来において、人に生きる力、自由を謳歌する力、勇気やしなやかさを与え、それこそ、誰も取り残さず、人の幸せを充足していくことだろう。

本書は、『「記憶」を糧に、未来へつなぐ』と『今日を楽しくゆっくり眠ろう』の合本になっています。

それぞれの表紙のあるところからお読みください。(編集者)

人の親切に出会ってきました！
戦争は国家がおこすもの。
個人レベルでは、皆、友人です。

世界中、
どこへ
行っても

今日を楽しくゆっくり眠《ねむ》ろう！

とつぜん
死を宣告されてはみたけれど・・・

著
櫻井 和代

ヒポ・サイエンス出版

はじめに

2024年、日本は何とも衝撃的な年明けであった。

元日の午後4時6分、能登地方を震度7の巨大地震が襲った。続いて2日、羽田空港で飛行機の衝突事故が起こった。海上保安庁航空機の5人は死亡し、日本航空旅客機の乗員は奇跡的に全員助かった。

能登地震では、能登半島を中心に死者238名、負傷者1287名、住宅被害1万9286棟、避難者は1万4千人が報告された。災害関連死で亡くなる方も多く、極寒の季節にその復旧の目途は不透明で、被災者たちの苦難は続いた。

思わぬ震災や事故で命を絶たれた人々、人々の生死を分けた事柄——これらは改めて「肝内胆管がん　遠隔転移　再発　ステージⅣ　余命1年半」を宣告されていた私に、「生きていることの意味」を問いかけるものであった。

がん罹患当初、私は、常に「己にやってくる死」を考えていた。さまざまな言葉も行き交った。

「人に生まれて、人としてやることを全てし終えたら、生から死への引っ越しだ」

「明日、死ぬかのように、今を生きよ」

「オラオラで一人逝くも」

一方、そのような私の元に、私の病気を知らない身近な高齢世代から「長生きするのがつらい」という相談事も寄せられる。高齢者の3大不安は、お金・健康・孤独であるというが、独り身や、老々

介護や、家族や血縁はあってもその関係がうまくいかずに悩みを深くしている人々。年金が少なく、預金も80歳で蓄えが底をつくが、自分はそれ以上あと10年は生きそうで不安・・・等々、「長寿」が必ずしも「幸福」に結びついていない数々の相談事である。あまつさえ、閉塞した社会での思考短絡を示すように、世の一部には「安楽死」など、人の命を軽んじるような言葉さえ飛び交いもしていた。

「すこやかに生まれる　すこやかに育つ　すこやかに老いる」

かつて、私は福祉の現場にいて、「豊かな高齢者社会」を目指したいと思っていた。

——Living（リビング）——生きていること、生きることの大切さ。

——Well-Being（ウェルビーング）——社会的、経済的、環境状況によって決定される心身ともに良好な状態。

——高齢期は輝かしい人生の夕映えである。

30年前、社会福祉のテキストに記されたそれらの言葉の意味は、疑いのないものであった。そして、自分自身が迎えた「老年期」。そこには高度成長期の勢いはなく、かつてない「少子・高齢・多死社会」の中にある。そんな社会の様変わりの中に、私にやってきた「死の宣告」であった。

そこで、私は「死」と「生」をどのように認識していくか・・・。

ここに記すのは、個人的ではあるが、「ステージⅣがんサバイバー」が、「超少子高齢多死社会」に「生きる」という意味を模索してきた記録である。

目　次

1. 2021年、健康自慢の私が「がん！」

新型コロナ感染者の数が爆発的に増えた2021年の年明け、突然の身体の不調が私を襲った。

この年は喪中、コロナということもあり、毎年恒例の「一家全員、着物を着ての初詣」もない寂しい年始であった。そこに思わぬ体調不良症状が顕著に顕《あらわ》れ始めた。ひどく疲れやすく、食事をすれば吐き、吐かなくとも口の中に酸っぱいものが充満した。

市販の胃腸薬も効果なく、近くの開業医で胃カメラの予約をし、血液検査をしたのが1月12日。3日後、開業医から呼び出しがあり、地域の中堅病院にすぐに行くように指示された。そこで告知されたのが、「胆管がん疑い」。がんマーカー数値は、病院で測定できる数値を振り切り、手術できるかどうかわからない状態、手術できなければ余命数か月という医師の言葉。まさに「死の宣告」であった。

よくよく思い返してみれば、その前年から身体不調の徴候はあった。

前年の2020年1月9日、寝ていても胸の圧迫感、苦しさを覚え、吐き気で血圧が190まで上昇した。しかし、その時は他の痛みなどの自覚症状は乏しく、「単なる疲れ」くらいの意識しかなかった。また、この年は、年頭から様々な不幸が身内に押し寄せた時でもあった。甥の妻の不慮の死、二人の義兄の「腹部動脈瘤」「大腸がん」それぞれの手術。肺疾患で長い闘病をしていた長兄の死去・・・コ

ロナ禍の下《もと》、身内の病気や葬儀などに翻弄される中、下痢に苦しんだり、吐いたり、異常な身体のだるさを感じ、横になるとすぐに眠ってしまうことが度々あったが、寝れば回復する。それら体調不要は「単なる疲れ」とそれほど気にも留めずにいた。

それよりも、気にかかっていたのは「新型コロナ」の蔓延であった。2020年3月の第一回緊急事態宣言から、21年1月7日に、東京都で2447人が新型コロナウィルス感染、第2回緊急事態宣言発令。ＧＯＴＯキャンペーンの発令と一時中止、7月22日再開・・・など、混乱した連日のニュースに気を取られていたのである。

とはいえ私の症状の方も、さすがにそのままにしておけず、気がすすまないまま地域のクリニックを受診した。コロナ禍の下、検温や手指消毒、待合室のソーシャルディスタンスとしての空席表示、空気清浄機、カーテン、アクリル板など、感染予防の緊張感が漂い、受診控えか、患者数もかつてよりは少ないように見えた。そこでの血液検査が、病気の発見の端緒となった。

クリニックからの紹介状を持って行った地域の中堅病院では、すぐに血液検査と造影剤を使ったＣＴ検査が行われた。がんマーカー値は、病院で検査できる上限値を振り切れ、即入院治療が必要と診断された。しかし、時はコロナ禍、この病院では、手術入院患者の受け入れができない状況であった。若い医師は、その日のうちに入院可能な病院を検索して、K医療センターへの紹介状を書いてくれた。

私の幸運は、たった一度のその若い医師との出会いから始まっていたともいえる。彼のその迅速な処置が、その後の治療を開いてくれた。

2.「病名告知」が「死の宣告」？

コロナ禍で、人の動きが制限され、世の中の先の見通しが危うい中での「がん罹患」。現在、「がん」は二人に一人が罹患する疾病であり、高齢者の死亡原因のトップである。さすれば、私もその一人として、特に珍しいことではない。

ただ、宣告された「がん」が問題であった。

「肝内胆管がん」と病名を告げられた時の最初の思いは、「よりによって」というもの。

今は、スマホなどである程度の情報はすぐに検索できる。「肝内胆管がんは、膵がんと並んで、助かる確率は著しく低く・・・」という記述に、「今年の桜は見ることができないだろう」と、内心「死」を覚悟した。不思議に涙が出るということはなかった。

2019年の国立がんセンターの統計によると、2018年、女性1万275人が胆管がんに罹患、うち8583人が死亡した。生存率22.1%。手術できた人の5年生存率は40%。

要するに、手術できなかった人も含めて患者10人のうち8人は

死んだ。手術できた10人のうち6人は5年以内に死んだ。私が胆管がんに罹患したことがわかった2021年のがんの新罹患者数の予測は、総計100万9800人。そのうち胆のう・胆管がんは2万3400人。死亡者予測数は1万8100人。7割は死亡するという予測である。

とすれば、私は罹患者2万3400人の一人であるが、死亡の1万8100人の一人となるのか、生き残りの5300人の一人となるかは不明である。

付記すれば、2020年、日本の死亡者数は、約137万人。うち約38万人ががん死亡、約21万が心疾患、約13万人が老衰、肺炎は約8万人、コロナによるものは約3500人である。翌21年の死亡者数は約144万人、22年の死亡数は 約157万人で、「多死時代」は数字の上で確実にあらわれている。

当時の身体症状は、体力がなく、ひどく疲れやすいが、ひどい痛みがあるわけではない。意識は明瞭。老衰や認知症や寝たきりになって死ぬことを思えば、苦痛は多分1～2か月。痛みが出たら、モルヒネをしっかり打ってもらって「ピンピンコロリ」も可能か、などとも思った。

また、「死」そのものより、その時私の心を占めていたのが「死ぬ前にやらなければならないことがある」という思い——その数年前から取り組んでいた『風の里から』の執筆であった。

そのため、その後の入院にあたって希望したのは、「空いている部屋ならどこでも」「パソコン持ち込みのため個室ならなお可」で

あった。それが叶って、K医療センターも、次のG病院も、ほとんど待つことなくとんとん拍子に入院できたこともまた幸運なことであった。

3．入院——セカンドオピニオン——転院・手術、とりあえず生還

1月18日、紹介状を持ってK医療センター受診。朝、雪がちらついていたのに、一階待合室に太陽の光が眩しいくらいに降りそそいでいたことがひどく印象的であった。血液検査、造影剤をいれてのCT検査などの後、外来担当のA医師から告げられたのは、「手術できなければあと数か月」という、前医と同じ言葉であった。

翌日19日のMRI検査後、20日入院が指示された。当日は、「コロナ感染試料唾液」を肝臓外来に提出後、3階の個室に入り、午後4時、「検査結果、新型コロナ感染なし」で、初めて正式の入院が決まった。

翌日、ERCP検査（内視鏡を口から入れて、胆管や膵管に直接細いチューブを介し造影剤を注入。胆嚢や胆管及び膵管の異常を調べる）を行い、同時に胆管ドレナージ施術のため手術室へ向かった。その後の記憶はない。ナースたちは受け答えははっきりしていたというが、気がついてみると鼻に管が入れられ、黒い胆汁が体外に排

出されていた。全身にいろいろな管がつけられているのをはっきりと自覚したのは、翌日の朝になってからであった。

朝、A医師来室。「がんであることは間違いなく、あとは詳しい検査結果を待って今後の治療方針を決めていこう」と言ってくださった。

まだパソコンもなく、何をすることもなく、病室で一日テレビをつけている日々が始まった。家ではほとんどテレビを見ないので何か変な感じだ。それにしても、テレビに流れる番組の「レベッカ」も末期がん。落語「死神」の命のろうそく。「人間交差点」の死期の迫った息子との対面。映画「おらおらでひとりいぐも」。番組を選んでいるわけでもないのに、何と今の私とかぶってしまうことか、と思った。

A医師より、セカンドオピニオンを提示されたのは1月27日、家族が主治医に面会した時であった。これまでの検査で「わずかだが手術の可能性あり」ということ。また希少がんと言うこともあり、手術するなら「症例の多い病院で」というのがA医師の判断であった。

その勧めに従って、セカンドオピニオンという制度で転院先を探していたところ、1月28日、2月1日午後4時受診可の連絡が入り、午後、長男の運転でG病院に向かった。本当は大変な事態なのに、コロナや病気で外出制限もあって、久しぶりにみる外界の様子に気持ちが心なしかウキウキしていたことが思い出される。

午後4時、N医師と面談。手術の可能性あり、個室なら、2月3

日に入院可能ということ。あまりの急展開に家族皆絶句するも、手術への道は開けた。A医師の判断が私に２度目の幸運をもたらしてくれた。

２月３日、朝８時、K医療センターからG病院に転院。午前11時、個室入室と同時に検査が始まった。CT、レントゲン、呼吸機能検査、心電図、エコーとかなり忙しい。まだ黄疸の数値は高く、２月５日、肝機能を上げるため、胆管ドレナージ再施術が行われ、管が１本から２本に増やされた。ドレナージが落ち着いたところで、２月12日、一時退院となった。

前日、退院後の胆管ドレナージの管理、食事についてのレクチャーがあった。胆汁、毎日決まった時間に測って捨てる。アルコールで管の先を消毒。量の急減100ｍｌ以下、赤い色になったら、N・Y医師に連絡すること。鼻から通している管の固定のテープ交換の手技指導、食事は、管が詰まらないように「粒のないもの」「よく噛んで食べる」「食べ過ぎない」「脂肪制限」等々のレクチャーである。退院当日は、ナースから長男の妻にさらに「管の管理レクチャー」がなされた。

退院してからも、15日の外来受診でPET検査。16日の外来受診で、麻酔科、血液検査、レクチャー、歯科、主治医受診とかなり忙しい。帰宅１週間は慌ただしく過ぎ、入院２月19日、手術22日が決定した。それにしても、自宅では、階段を上って、２階の自室

に行くのだが、脚がガクガクして力入らず、1か月近くの寝たきり生活の後遺症、筋力の衰えを改めて実感した。次の入院は1か月近くになる。病院で、意識して歩くことをしなければと思った。

2月19日、18階有料個室病棟に入院する。16階とはまた違った雰囲気あり。浴室はジャグジーバス。眺望もよい。なんとも贅沢。しかし、管がついたままの入浴はやはり落ち着かない。N医師から今後の予定は、「入院3週間から1か月」との話あり。術後は16階の部屋に移動の希望を出した。

2月22日、9時から手術は8時間30分で終了した。夫、長男夫婦待機。麻酔から覚めて、ICUの向こうに夫が立っているのが見えた。「ご苦労さま」という声がした。「あなた達も疲れたろうからゆっくり休んで」と答えたような気がしたけど、記憶はあいまいである。手術、予定通りで終了できたという主治医N医師の言葉。第一関門突破するも、その夜はほとんど眠ることができなかった。

2月23日、いくぶん身体楽になる。酸素、血圧、痛み止め、輸液、尿道カテーテルとチューブが何本も体に装着してある。主治医回診時には自分の腹が見えた。L字型の腹部切開、上部に二本のチューブ、薄ピンクの体液が見える。下部には胆道ドレナージの管二本が装着してある。やはり大変な手術だったのだと改めて思う。

いろいろな器具が体についているが、その状態で歩行練習も2回。術後は、みぞおちの不快感、体のだるさがあり、吐き気も収まらず、

吐き気止めの点滴を入れてもらう。排便も５日程ないので、下剤服用するようになった。点滴の効用か、夜は少し眠ることができたが、次は吐き気がネックとなった。二男の妻（看護師）は「最低２週間は覚悟必要」と言う。それはその通りである。

３月７日、体調良好。管も順次抜けてくる。シャンプーを行い、頭はとてもさっぱりする。胆汁ドレナージ管など全て抜かれ、予定通り３月12日退院となった。病衣から私服に着替えた私に、「患者さんとは思えない」という言葉が職員から出て、内心にんまり。

肝内胆管がんは手術できても４人に３人は３年以内に死ぬ。でも一人は延命できる？私はどちらか？

これからどうなるのか。手術は成功したが、リンパ節の腫瘍は変わらず私の身体の中に巣食っている。私の知人の夫も同じ胆管がんを罹患。彼は術後４ヶ月で再発、結局半年で死去した。生存率が低いのは、現在胆管がん等に有効な抗がん剤は開発されていないことにもよる。再発箇所は肝臓や胆管がんの周囲のリンパ節に多く、手術を行っても再発が多いのは、がん発見時にはすでに目に見えないがんが血管内やリンパ管に転移しているためであるそうだ。

「今回、見つかったがんはすっかりきれいに取り去った。しかし、心臓の後ろにあるリンパ腫は、手術の難しいところ。ここは取り除けない。このリンパ腫は今のところ大きくなったり小さくなったりで、しばらく様子を見て行こう」

それが医師の言葉であった。だが、何はともあれ、とりあえず、生還したのだ。

4．2021年、軽快期――さまざまな死

がん罹患、ステージⅣ、手術できなければ余命４ヶ月と診断され、死を覚悟した時の望みはただ一つ、その時書きかけていた『風の里から』の出版であった。思い返せば、「今死んでいられない。死ぬ前に仕上げなくては」という火事場の馬鹿力のような思いが、結果的には病気をも克服する力となったのかもしれない。

退院直後、体重は10kg以上落ち、入浴時鏡に映った太ももなどは本当にシワシワであった。そこで、退院後、初めに行ったのは体力づくりとしての散歩であった。まずは、１日4000歩を目標とした。

次に、４月９日までに原稿仕上げ、と目標を定め、６月に、Ｈ出版社と契約、原稿送付した。編集担当者Ｋさんになり、出版の目途はついた。この、病室内でも行っていたパソコン作業、退院後もそれにかかり切った日々は、確かに病気を忘れさせてくれていた。

原稿送付後、これからの目標をどう定めようかと考えた。まずは１年、これから自分がなすべきことを箇条書きで記してみた。一つ目は「断捨離」。写真、本、今までのＰＣに保存されていた記録、趣味の手芸関係の材料、着物や衣類、手芸作品の整理である。

二つ目は、目・歯・耳の「改善」。がん再発の時、できるだけ他の余計な苦痛を味わいたくないために、両目白内障の手術、歯の治療、補聴器を作ることにした。そして三つ目は、家族や親しい人たちとの思い出作りである。具体的に、子どもたち一家と家族写真を撮る。これは遺影にも使える。とりあえず、母の寿命を超えること、73歳をめざそう——そのように考え、この間、執筆活動を陰ながら支えてくれたKさんに、現状報告した。

そこで、彼女の友人の俳人Mさんがすい臓がんで逝去されたことを聞いた。手術不可で余命数ヶ月と言われ、ホスピスに転院。かなり苦しい闘病生活ですっかりやせ細り、発病4ヶ月での死であった。

そこで思い出されたのが、様々な人の死であった。

かつての同僚のA子さん——1993年6月大腸がん発症。手術をして、職場復帰もしたが再発。その後、4回の手術を行うも、DIC（血管内で血小板がかたまりやすくなり、血栓がつくられ、それが全身にばらまかれた状態）を発症、95年、発病二年後逝去。49歳。

私と同期入職の元看護師で、本当に優しい人だった。お見舞いに行ったとき、抗がん剤の副作用でトイレに駆け込みながらも、笑顔を絶やさなかった人。優しい夫からの手紙には、「古い日記を持ち出し、恋愛時代を語るとA子は恥ずかしそうに聞いていました」

亡くなる三日前から、ほとんど自宅に帰らず治療にあたってくれた主治医への感謝の言葉は、「私は幸せいっぱいの人生で、楽しい

毎日でした。先生たちにも親切にしてもらい、思い残すことはありません。疲れました。楽にしてください。このままでは家族が駄目になってしまいます」と本当に立派な人であった。私はどうか。自信がない。

中学時代の同級生Yさんの娘は胆管がんで、2週間の入院の後、42歳で死亡した。

Rさんの娘は、胃スキルス性がんを宣告されたが、一時的に症状軽快。病を隠し、家族の胸一つに収めて療養してきたが、48歳で逝去。娘さんが亡くなってからRさんは涙ぐみながら話してくれた。

「最後は、吐いて、吐いて、吐くものがなくなるまで吐き尽した。その中であの子は言った。『一、二年間ゆっくりと最後の時を持つことができた。幸せだった。お母さん、ありがとう』」

元S駅助役のHさん。肺がん発症。転移多い中で、抗がん剤1クールで終了。「この年でこんなに効くとは」と医師が驚くほど副作用も少なく成功し、がん封じ込めのお参りした神社にお礼参りもしたというが、その後死亡。孫が心の支え。孫たちの言葉――おじいちゃんは私の心の中にいる・・・。

様々な人の死の中で、Kさんの友の俳人Mさんの死は改めて「がん」という病気の現実を私に突きつけた。そして、人として「良い死に向かう」ということを思った時、福士幸次郎「感謝」の詩が思い出された。

「わたし共にもやがて最後の時が来て、この人生と別れるなら、願わくば　有難うと云って此の人生に別れましょう。灰色の粉雪、しちむつかしい顰っ面（しかめっつら）の迷い雲、雪は下界のあらゆる聴覚を障（さえ）ぎり、老と沈黙（しじま）と追憶の、ひとりぼっちの古美術展覧会。　ああ、世の聾の老博士、無言教の寡婦（ごけ）さん、子に先だたれた愁傷な親御達！　あなた方の悔（くい）や嘆きもさる事ながら、願わくば　死ぬ時　この人生にお礼を云って御暇乞（おいとまご）いをして下さい。それは慥（たし）かに人生に対する寛容の美徳です。悪に報いる金色の光放つ善です。生はそれぐらい気位高く、強く、明るく、情熱を以って、鏡のごとく、果つべきです。」

現実にたいする強い承認。それは、がんサバイバーの一つの姿勢でもあるか。出版社への原稿送付という一区切りを経て、改めて「死」を意識しながら、がんサバイバーとしての日常が始まった。

6月にコロナワクチン第一回目接種。私は、痛み、強い副作用はなかったのに次男は2回目接種のあと発熱、倦怠感等かなり苦しかったと言ってきた。「予想以外に重い副反応（副作用）、37度台の発熱、半端ではない体のだるさの症例」が、医療従事者、若い人たちから多く出ている。コロナ禍は、世間的にまだまだ収束していないままであった。

7月、術後五か月後の検診で「血液検査の結果はいいが、CTで

少し影が見える。心臓の裏側でオペは困難なところ。大丈夫と思うが、念のためにＰＥＴ（ペット）検査をするか」と、医師からの助言あり。29日、ＰＥＴ検査行うも検出されず、排尿排便も良好、体重も増えてきていた。次の受診は三か月後と、順調に日々は過ぎて行った。

10月18日は十三夜であった。私の部屋は月の通り道である。月は好きだ。月を見上げながら幸福な気持ちになっているところに、『風の里から――原発事故７年目の死』が出版社から届いた。ホッと一安心である。死ぬまでにやりたいことの一つがクリアしたことは大きな喜びであった。

10月28日には、コロナで中断していた兄弟会を天神岬温泉（福島楢原町）で開催した。東京からは兄弟姉妹６人、甥の車に同乗、現地の姉や弟たちと、ゆっくりとお風呂に入り、良くしゃべりまくった。夕食時、それぞれの家族の状況など、「気にかかっていたことが解決できた」などうれしい報告あり皆喜んだ。

11月の外来受診では、血液検査等良好で主治医より特に注意点は無く、次男一家に会いに会津若松へ向かった。きれいな青空と紅葉、磐梯山の姿も美しい。写真館で記念撮影、二人の孫の成長に心和む。二人とも、お義父さん、お義母さんにとてもかわいがってもらっていることがわかり、本当にありがたい。「次男一家と記念写真を撮る」も実現できた。

12月に入って、断捨離の続きで本を捨てることにした。昔々、50年以上前の古い本。着物と同じ、タンスの肥やしならぬ本棚を彩る装飾品。それでも捨てる前にもう一度点検した。

まず、手に取ったのは、新見南吉の『おじいさんのランプ』。昭和17年発行。装丁・挿絵は棟方志功。昭和17年といったら、東条英機内閣の下、国民総動員して日本が戦争に突進していた頃。そんな年、こんな贅沢な装丁の本が出され、子どもが読んでいたのか・・・等々、片づけの途中で本を読み始め・・・結局二日間本を読んで終わり。なかなか本の断捨離は進まないが、確実に目標はクリアしつつある。

しかし、それ以外の膨大な仕事関係の書類などの始末では、必要なものも捨ててしまった。古い通帳などはどこかに紛れてなくなり、好都合なことは、そのうち何が無くなったかも忘れてしまったことである。

年が明けて2022年、1月3日、江戸川の土手から大きくきれいな富士山の姿も見ることができた。改めて死ぬまでにやりたいことを思った。あと、四年の命が与えられたら、孫の大学入学の姿を見ることができ、三番目の孫や四番目の孫の七五三に立ち会える・・・等、次から次へと欲が出てくる。

しかし、年末の断捨離に続いて、まずは「一年毎」として、やるべきことをこなしていくことだ。3月6日、念願の家族写真撮影。死ぬまでにやりたいこと――長男家族と写真を撮る――が実現でき

た。孫は高校の制服で、ここから切り取ってもらえば、とりあえず、私の「遺影」の準備もできたかとも思う。

そんなところに、Tさんの妹が膵がんで余命三ヶ月、Rさんの母がやはり膵がんで、闘病4ヶ月で死亡の知らせ。私は発病して1年過ぎたが、このところ胃がチクチク痛むのが気になった。

3月15日、退院後1年目の受診。待合室には、主治医N医師の患者が多数。普段は話もしないが、今日は色々な人と語り合う。

待合室の一人は、私の手作りバッグや洋服に注目してくれる。「いいわねえ。近くだったら作ってほしい」といったのは大田区から来た方で、とても口調が明るい。夫、娘らしき人三人が待っている。初めは、このうちのどなたが患者なのか不明であった。夫らしき人も私の手作り洋服などに興味を示してくれた。女どうしは、「着物をほどいてね」「ミシンはいつも出しているのよ」「脳トレになるね」、女ならではの会話が弾む。

前の席は、女性二人連れ。内科・外科両方受診で、術後半年で、抗がん剤治療も受けているという。患者は76歳の方で、結果良好と晴れ晴れとした顔で待合室を後にされた。右隣の方は、術後4年目の62歳の方。その隣の方は、「昨年10月、膵がんで余命宣告されたけど、まだ生きている」という74歳。抗がん剤が効いて、4月に手術できそうとのこと。術後のことなどあれこれ聞いてくる。皆、何か、悲壮感がない。

私は、血液検査結果はおおむね良好。がんマーカー値少し上昇も許容内。もともとあったリンパ腫が大きくなったり小さくなったりの変動あるも、経過観察でＯＫ。次回は７月受診ということになった。

４月、昨日までの夏日が一転、冷たい雨の日に白内障手術を行う。４月16日、Ｅ文化センターでＫさんの反原発の講演あり、聞きに行く。原発取材10年余、ご本人も咽頭がんに罹患。会場で会ったＯさんも大腸がん（Ｏさんは2023年12月死去）。Ｓさんは前立腺がん。私、肝内胆管がん。部位、ステージ、予後はそれぞれ違えども、会場で出会った知人、皆、がんということに驚く。「三人に一人ががん罹患」という数値もなるほどと思われる。

それにしても、雑誌で、「胆管がん生存率10％」、他のがんは、70～80％が多いのに。やはりこんな数字を見ると少し気が重くなる。右上肢の痛み、背部右下の痛み、夜中の胃酸過多など軽い症状が続いた時など、ついインターネットを開いて検索してしまうのは、がん患者の性（さが）か。

でも、余命数ヶ月が、１年以上生きている。可能なら、あと２年。孫の三歳のお宮参りまでとも思うが、そんな時はたいてい気弱になっている時だ。しかし、また思う、燃え尽きてしまえ、と。姉は78年の生涯をひたすら駆け抜けた。私も、それよりも短くとも、ひたすら生き抜こう。それが我が一族の血だ。

そんな日々に、映画「プラン75」のＣＭが流れた。ＣＭでは、

生まれる時を自分で選択できないから、せめて死ぬ時は自分で選びたいと女性がインタビューに答える声が流れ、それが正しいかのように放送されている・・・。国による、合法的な殺人。

それに志願するのは、絶対的弱者。人生１００年時代、その幸不幸を決定するのは経済状況。2000 年代以降、日本では「自己責任」という言葉が幅をきかせるようになり、社会的に弱い立場の人を叩く社会の空気が徐々に広がっていったが、この映画はその究極的なものか・・・。映画のＣＭに違和感を覚えながらも、しかし、「がん」という疾病は、その意味で「高齢者」には幸せな病であるなどと思うほど、７月までの１年半、私の生活は充実し、何の不安も懸念もなく過ぎていた。７月５日、エアコンの風が冷たく感じ、身体、気だるく、37℃台の微熱あり。「よもや」と思い、東京都のコロナセンターに電話。念のために、ＰＣＲ検査を受ける。コロナ感染者、東京 8341 人である。７日、午前 11 時電話連絡あり。陰性とのこと。一安心するも、この間、右背中・肩の痛みあり。夜痛み続く。朝方には軽快する。

がん再発が告げられたのは、そのような状態のなかであった。

５．2022 年、リンパ節遠隔転移——再発

７月 26 日の外来受診で、19 日の検査結果と、遠隔転移、再発、

手術不可が告げられた。胆道がんによくあるのは肝、肺、腹膜転移、遠隔リンパ節転移（大動脈周囲リンパ節、腹腔外リンパ節など）であり、私の場合は前からあった心臓近くのリンパ節転移、切除不能であった。

肝内胆管がんの術後再発率は、根治切除後であっても46%と高く、また、非治癒切除を含む肝切除後の５年生存率は41.5%と低い。肝内胆管がんの術後再発は、残肝多発再発や肝外転移再発の形態をとることが多く、再発巣に対し手術が適用されることはまれである。術後にリンパ節転移が判明した時には、抗がん剤治療、粒子線治療が行われるが、私は抗がん剤治療になるということであった。

もともと、膵がん、胆のう・胆管がん、肝がんは生存率の厳しい病である。

予後について尋ねた私に、新しく主治医となったM医師は淡々と答えた。

「余命は、１年から１年半。治療目標は、『根治』ではなく、『延命』『緩和ケア』。『治癒』より『生活の質（QOL）の改善』が主な目的。抗がん剤投与、７月29日より開始する」

医師の言葉は、人によっては冷たく聞こえるほど簡潔であり、私自身も「ああ、そうですか」と他人事のように聞いていた。

「姉もそうだったけど、抗がん剤の副作用に弱い体質かもしれない。でもお願いします」

そう答えて診察室を出た私に看護師が追ってきて、労わるように声をかけてくれた。

「大丈夫ですよ」

それが、抗がん剤の副作用についてか、余命宣告にたいしてか不明ではあるが、何か一所懸命慰めようとしてくれていることはわかる。

「大丈夫よ。これからは、温泉ライフでも楽しむわ」と笑って返したが、本当のところは、自分の身に起こった事態をよく理解できていなかったのかもしれない。

自宅に戻り、断捨離で出てきた20年前、スペインマドリードで参加した「世界高齢者会議」のパンフレットを眺めた。

当時の高齢化社会の課題は、「自立して暮らすこと。生産性。安定性。健康。活動。年金制度は今のままでは不十分。年齢での雇用差別をなくす。定年制延長」などであったが、現代の超高齢多死社会の課題は何か。マドリード——好奇心に満ち、活動的であったあの頃、テレビでは、5人に一人が認知症の話題。それも大変と思う。

そして我が身に降りかかった「死の宣告」。どのように、自分の人生の締めくくりをするか、いろいろなフレーズが脳裏をよぎる。人には感情があり、「死」を俯瞰することができる。それが「恐怖」「煩悩」につながるが、前に進んでいくのみ。明日、改めて考えて行こう。

「おら　おらで、一人逝くも」

「希望を抱いて逝きたい」

「明日から始まる」

左肩の痛み再び強まる中、「さあ、寝よう」と思った。

6．抗がん剤投与

2022年7月、記録的な猛暑と、「コロナ第七波」が日本を襲った中、抗がん剤の治療が始まった。

現在、切除不能胆道がん（肝内胆管がん）に対する薬物療法としては、ゲムシタビン＋シスプラチン併用療法、ゲムシタビン＋シスプラチン＋S-1併用療法、またはゲムシタビン＋S-1併用療法の3種類が推奨されているが、私はゲムシタビン＋シスプラチン併用療法となった。

27日、コロナワクチン4回目の接種を行う。28日は、都内で過去最多となる4万4006人が新型コロナウイルスに感染――そのような中の、抗がん剤治療開始であった。

7月29日、第一回抗がん剤投与が行われた。当日は、点滴時間3時間30分で、注射時の痛みなど説明通りの症状出る。その後、電車で帰宅するも歩行等は問題なし。喉のイガイガ感強く、胃酸がこみ上げてくるような食思不振あるも、それほどの体調不全はなかった。

二日目になって、食思不振強くなり、何を食べても不味く、排便

もなく、身体のだるさも出てきた。抗がん剤投与副作用、このように出るのか？今後はどうか？と思いながら、エアコンの効いた部屋で横になり、午前、午後、2時間ほど熟睡した。

三日目は、35℃の猛暑日。終日室内にこもり、1時間パソコン、1時間横になり、を繰り返す。排便なく、食思不振強く、桃など口当たりの良いものを食す。身体の気だるさ変わらず。四日目、夜、眠れず何度も覚醒。朝1000歩程の散歩後、心臓の締め付け感を覚えながら帰宅、身体のだるさを感じ横になる。入眠と覚醒の繰り返しで、1日横になって過ごす。毎日あった排便は、今日もなし。

五日目、この数日は何もせずに終日横になって過ごしていた。便秘気味なので、緩下剤2錠服用。朝9時30分、固形の排便あり。そのすぐ後に下痢便となり、吐き気がして、洗面器半分くらいの嘔吐あり。下痢便、その後数回繰り返す。

病院コールセンターに電話、症状を伝える。「声の元気さから多分大事には至らないだろう。水分をこまめに補給」のアドバイスあり。その後3回ほど下痢便あるも、夕方には落ち着いた。体温は36.5℃。発熱はない。夜、テレビで、長岡の花火を観る。久々の夏の風物詩。また、バイオリニスト佐藤陽子さんが肝臓がんで逝去の報を聞く。私と同じ福島出身、同い年、72歳。私より4ヶ月上だが…。自分の病気と合わせて、感無量である。

抗がん剤投与6日目、昨日とは打って変わった涼しい朝で、早朝

5時、近くの親水公園緑道を散歩する。右肩の痛みは残るも、体調は嘘のように軽快している。今日はエアコンもかけずにすみ、パソコンに向かっても疲れない。

8月5日、2回目の抗がん剤投与のため病院へ行く。血液検査で、抗がん剤GC療法を受けている私にピットフォール（落とし穴）と言われる骨髄抑制による白血球数減少の副作用が早くも表れた。白血球が減少すると、さまざまな感染症に罹患しやすくなる。

主治医、「うーん」と絶句。Wec（白血球）4.7→2.4、好中球（白血球の一種）3.06→1.05に減少し、ゲムシタビン薬も減量された。

化学治療センターで医師が、私に現れた排尿時の痛み、残尿感、口内炎、脱毛、食欲不振、倦怠感、吐き気、便秘、皮下発疹などの副作用や詳しい症状について聞いてくれ、外科から内科への急な展開で、少し不安だった気持ちが和らいだ。ただし、それら、治療についての「正確な情報」を、当時、私がどれだけ完全に理解できていたかについては疑問である。

8月19日、第2クールの抗がん剤投与がなされた。「手術出来ない部位のがん」「平均値としての余命1年半」「残された時間を、できるだけ平常状態で過ごすための緩和ケアとして抗がん剤治療」という現実はあるが、点滴を受けながら他の患者の動きにも目を向けることが出来るようになった。

同じ通院化学治療でも、点滴時間が、1時間、2時間など人それ

ぞれに違う。私のように7本で3時間30分もかかる人もいれば、注射1本で、短時間で帰る人もいる。5時間以上になれば「入院対象」というが、私は3時間で「通院対象」である。

7．コロナに羅患

投与後の副作用も、同じパターンで生じることも分って、これからは前向きに日を過ごしていこう、と思っていた時であった。

抗がん剤投与後の、三日目の夕方、いつもと違った喉の違和感が生じた。四日目、喉の痛み増強。微熱と胃がむかむかし、食欲全くなし。食べても何の味もしない。イソジンでうがいをし、解熱剤服用するも、終日身体だるく横になり過ごす。ふと気がつくと、枕に抜け毛が多量にある。エアコンなどで室温調整するも、暑いのか肌寒いのかどうも定まらない。抗がん剤の副作用なのか。それともコロナかと思い、市販の検査キットを使用する。「陰性」であった。しかし、夕方体温37.4℃。翌日も、37.5℃。下痢症状もあり、脱毛、濃い痰が出る。食欲もなく、やはり何を食べても味気ない。下痢症状もあり、身体の置きどころがなく、終日寝て過ごした。

病院に電話、症状を話すと、医療機関でPCR検査を受けるように指示あり、A耳鼻科で検査を受け、「陽性」の連絡を受ける。夫に電話。彼も「濃厚接触者」となる。長男たちにも連絡する。

折りしも、コロナ感染者の扱いについて、国の方針が変わり、感染者把握などは各自治体の判断になるという日であった。昨日までは、検査後、医療機関から保健所へ通報されたが、今日はその扱いがどうなるか。自治体により、陽性者自身が、各機関に連絡をするようになるともいう。私の区の判断はどうか？とりあえず都のセンターに電話。午後、地区の保健所より、Gメールあり。指示通り入力しようとするが手間取り、結局、長男の妻に依頼する。

これらの作業でどっと疲れが出、夕方にはまた37.6℃の発熱があり、病院に電話。主治医より、26日の抗がん剤治療は中止、次回は「9月8日、10時発熱外来」を指示される。ただ、今の症状についての対処アドバイスなく、「どんな薬がほしいですか」の問いにも、自分の症状をうまく伝えることができず言葉を失う。

夕食は長男宅から差し入れの「ポトフ」を食した。この二日間、調理していないので、久しぶりに美味しいものを食べることが出来た。わずか2日間なのだが、えらい時の長さを感じる。

そうこうしているうちに、私より4日遅れて、夫、発熱。翌日には抗原検査で陽性となり、いよいよ二人ともコロナ罹患である。夫はそれほど体調不全訴えず、すぐに解熱したが、私は咳・痰・身体のだるさ・脱毛・手足の脱力感が続いた。すぐに横になりたいのだが、横になると咳、痰が絡んで苦しい。長男の妻が、体調不調が長引く私を心配して、保健所や東京都などさまざまなところに問い合わせ

をしてくれるもなかなか電話つながらず、2時間近く奮闘。ようやく、ネットで、「コロナ後遺症・発熱外来H医院」を見つけ予約をとってくれた。H医院での丁寧な問診、検査、聴診で気道が狭くなっていることが判明、喘息の吸入剤エナジア等の処方を受け、吸入で、咳・痰大幅に軽減した。

当時（2022年9月2日）、日本の新型コロナ感染者は、累計1911万7112人、死亡者4万247人であった。総人口1億2478万人なので15％が感染していることになる。東京都は、人口1402万9726人で、陽性者294万70人、死亡5351人で、20％感染。

江戸川区は人口68万9739人、陽性14万6634人で21％が感染、5人に一人の割合である。陽性感染者は、夫のように、ほとんど無症状もあれば、私のように様々な自覚症状ある者さまざまだが、いずれにしても「重症者」でなければ、10日間自宅療養が一般的。ただ、この重症の判断がなかなか難しい。私自身、都からの質問項目に、「これがあてはまるか」となると、「？？？」であった。

私自身はとてもつらかったのだが、発熱は最初の2日、しかも37.6℃程度。脱毛も激しく、咳と痰は強く出るが、呼吸困難というほどではない。酸素濃度も97をクリア。血圧も上130、下88で正常。抗がん剤治療中とあっても、救急搬送レベルかといったら「？？？」となる。しかし、やまない咳、痰排出が困難で、無理に出そうとすると、食べたものも吐いてしまう。日常生活動作には支障はないが、

身体が重い。3回くらい、心臓が圧迫されるように痛んだが、それも水を飲むとすぐに収まる。

自分の症状が、コロナのためか、抗がん剤のためか、判断がつかず、地元の発熱外来につながってようやく一息つけたが、今後のがん治療にはいろいろ迷いも出てきていた。一方、「抗がん剤投与しなければ、痛みなどつらい症状が出るよ」という執刀医の言葉もある。それも嫌だ。

そんな中途半端な気持ちのまま、今後の抗がん剤投与のために、指示された日に、病院に行った。コロナ陽性・擬陽性患者は、通常の入り口ではなく、別の入り口から入る。インターホンで来院を告げると、防護服を着たナースが個室に誘導（5部屋くらいある）。そこで問診。カーテン越しに会話。トイレもその都度案内される。これはその都度消毒のためか、血液採取の後、結果が出るまで1時間個室にそのまま待機である。

1時間後、M医師来室。抗がん剤のためにコロナ感染かという疑問、その後のだるさを話し、今後の抗がん剤治療に迷っている旨を話したつもりであるが、M医師はクールに返してきた。

「血液検査の結果はそう悪くない。PCR検査で陰性となれば、明日からでも抗がん剤を再投与できる。しかし、身体症状があるというなら、少し間を置いても可。今は、抗がん剤を急ぎ投与しなければならないという状況ではない。夕方、PCR検査結果を携帯に電

話するので、今後についてはそこで方向を決めよう」

結果、夕方、M医師より電話あり。PCR 検査結果は「陰性」。結局、自然な流れで9月16日抗がん剤再開となった。

8．生物としてのヒト——死すべきもの

コロナのためか、抗がん剤のためか、酷暑のためか、判別できないつらい日々が私に降りかかった。「コロナで死ぬのか」そんな思いも脳裏をかすめた日々の後、思ったのは、改めて自分の命が、多くの人の手で「生かされているもの」であることであった。死や生を侮ってはいけない——そして改めて「自分の死」を考えるようになった。

おりしも、十五夜——中秋の名月と満月が重なった日であった。月の右方向には木星と土星が輝いていた。皓々と輝く月の光の下で思った。

「ヒト」は、言うまでもなく「生物」である。「生物」は、細胞から構成され、遺伝子を持ち、複製し、子孫を増やすといった特徴を持つ。鮭のように、産卵し、子孫を残した時点で死ぬことが、種の保存、未来につながっているということもある。ヒトも、同じく、生物として「死すべき定め」を持っている。ならば、ヒトも「植物が枯れるように死ぬ」それでいいのではないか。それなのに、なぜヒトは「死」を恐れ、あるいは、自分の「死の瞬間」を思うのか･･･。

私自身、コロナ罹患後、体調不良に悩まされ、パソコンやスマホだけが外界とのつながりのような日々に、ネット検索をしながら、様々な死の瞬間、死のイメージを思いめぐらしもした。

──「死」の瞬間が近づくと、まず、血圧が下がる。からだの中の酸素が次第に薄くなっていく。呼吸が苦しくなる。身体の中に二酸化炭素がたまってくる。昏睡が始まる。うつらうつらとして「いい状態」にも見える。脱水症状が起こり、からだはカピカピに乾いてくる。最後は植物が枯れるように死ぬ。ポキッと枯れ枝が折れる感じ。

──残された時間が、「週から日単位」になってくる。声をかけると目をあけて会話もできるが寝ている時間が長くなり、食事量が減ってくる。次に、尿の量が少なくなってきて、つじつまの合わないことを話すこともある。それから、少し興奮気味に寝返りを打ったり、手足を動かすこともある。つらい時は、薬でつらさをとることができる。

残された時間が、「日から時間」単位になってくると、声をかけても目を開けなくなる。ハーハーと呼吸が大きく荒くなってきて、10～20秒程度一時的に呼吸が止まることがある。一時的に呼吸が止まると、そのあとはより大きくハーハー呼吸をして、また止まるということを繰り返す。肩を動かす呼吸、口も一緒に動く呼吸、下顎（かがく）呼吸といわれ、あごを上下させるようになってきたら、最期のとき。手を握り返したり、言葉を発したりすることはもうないが、耳は聞こえている・・・。

――「がんで死ぬ」ということ。がん末期と宣告されれば、予後二、三ヵ月で亡くなることは多い。がんの特徴として、急速な症状悪化があるが、口から食べられなくなるのが、自然な死のメルクマール（しるし）であり、その後、二ヵ月から一ヵ月で身体活力・機能の低下がみられ、一ヵ月くらい前になると、重度の病状悪化と状態安定を繰り返し数日以内に死亡する。

――また、ネット上には、それと呼応するように、さまざまながん患者の手記が掲載される。たとえば、

3年前、大学病院で胃がん手術。1年前、肝臓に転移。セカンドオピニオン3カ所受けるも、いずれもがんが肝臓全体にあるから手術は無理といわれる。抗がん剤を点滴するも、担当医から、これ以上はもう無理と宣告された。二週間前から、急に足が重くなり、浮腫んで、指で押すと、べっこりとして、へこみがもとに戻らない。右のすねはぴかぴか光り、針で穴を開けたわけでもないのに皮膚の上に水滴がのる。肝機能と腎機能が悪く、腹水でお腹が膨らむ。「黄疸を来たしているので、緩和病棟に」と宣告受け、緩和病棟のベッドに入る。動くのがつらい。横になっていれば落ち着いていられる。トイレが大変。看護師を呼ばないと出来ない。余命について、医師の言葉「黄疸の進み具合による。週単位で、月単位とははっきり言えない」。10日後に死亡。

――ネットにはまた様々ながん患者の訃報も掲載される。たとえば、

佐久総合病院に19年在籍、若槻俊一医師の指導を受け、東日本大震災後、石巻に派遣され、その後現地で地域医療に尽くしてきた長純一医師。お腹の違和感や便秘で初めて検査し、膵がんと診断され一ヶ月で亡くなった…医師であっても早期に気付かない膵がん。——私の古い友人Iさんも膵がんで亡くなった。確か70歳。最近では、4月に膵がん診断を受け、10月31日に亡くなった作家のYさん・・・。膵がん発病後、二カ月半で死去したKさん。私の姉は、急性骨髄性白血病宣告で四ヶ月での死。

いずれも、余命告知を受けていたが、医師の診断はおおむね当たっていた。

一方、77歳の義兄は、2年前に大腸がん罹患、肝臓・肺・食道に転移するも、手術成功、今は3週間に一度の抗がん剤の治療をしながら、長年行ってきた仕事も行いながら在宅生活を継続している。

また、ある80代の女性は大腸がんを罹患、手術行うも様々な後遺症が出ることとなり、独身の60代の長男が仕事をしながら、通院や介護を一人で担っている。「完治とはいかなくとも、せめて、様々な症状が落ち着くまで、ある一定期間入院治療を受けられたら」と願うが、病院は一定の処置が終われば家に帰す、「こんにちは　さようなら」の状態であるという。介護保険で「訪問介護」など依頼するもなかなか人がいない状況で、長男の介護負担は重く続いている。

その点、私の病気に対する迅速な対応は本当に素晴らしいもので

あった。生かされた命。

まず一番に感謝しなければならないのは、執刀主治医であるが、そこに関わった多くの方々——コロナ下で働いている多くの病院関係者の方々——の尽力も忘れてはならないと改めて思う。

胆管がん末期の場合、肝臓・腹膜転移、悪液質の症状を起こす。悪液質とは、栄養ががんに奪われ、点滴で栄養補給しても不足すること。不安や苦痛の増強、常に倦怠感を感じ、食欲がなくなり、身体のむくみがひどくなり、意識がうとうとする。腹水がたまり満足に動けない——そのような症状が報告されている。一般に、がん患者は免疫機能が低下しているから（抗がん剤でますます低下）、感染症に気をつけることが大切ともいう。

9．副作用が定型化してきた

さて、がん再発で余命宣告された私の現在の体調は、体力がなく、疲れやすいけれど、ひどい痛みがあるわけではない。意識は明瞭。食欲もある。排便も普通にあり、眠れないということもない。老衰や認知症で寝たきりになることを思えば、「認知症状態では死にたくない」「寝たきり状態では死にたくない」「老衰も嫌」という本音も重なり、「がん死」はもってこいかとも思う。コロナ禍、少子・高齢・多死時代の72歳の死にそれほどの悲壮感はない。苦痛は多

分最後の一カ月。痛みが出たら痛み止めをしっかり打ってもらって「ピンピンコロリ」も可。最後の一ヵ月は、緩和ケア病棟に入院しよう・・・。

余命宣告を受けた当初、私はそのように考えていた。

しかし、さまざまながん関連死をネットで見ている中、思いは変わった。

例えば、早川一光医師の言葉には暗澹とした。「在宅医療に捧げた」医師の「在宅医療を受けての最後」の「こんなはずじゃなかった」の言葉の意味。多発性骨髄腫で、自宅で死去。94 歳。

「治らないのに鎮痛剤で痛みをわからなくするのが今の医療か。自分ががんになって初めて死の怖さを知った」という言葉。彼が感じた「死の怖さ」とは？

私自身、仕事として社会福祉や介護に関わってきて、「何より一人一人の命が大事」としてきたが、自分の場合になって「自分が長く生きること」にそれほどの価値を見出さないという気持ちに気付き、その矛盾に愕然とした。「人の命」の尊さを口にしてきた自分の人生の否定にならないかと混乱した。

生物としてのヒトは死すべきものである。しかし、いざ当事者になれば、死にたくないのか、死んでもいいのか、様々、心乱れるものであることも事実である。

『死の瞬間』（キューブラ＝ロス）という本がある。確か、末期患

者のインタビューの記録であったが、ほとんど内容は忘れていた。後年、社会福祉の学習の中で、死の受容のプロセスで再びキューブラ＝ロスに出会った。

人が死を受け入れるプロセスは、一般的に、死への「否認」からはじまり、「なぜ自分が」という「怒り」に替わり、「何とか生きられないか」という「取引」を経て、「抑うつ」状態に入り、その後、「受容」とされる。もちろん、誰もがこのプロセスを辿るのではない。しかし、これを読んだ若い時は、「死」は恐ろしいもの、人間に様々な苦痛を与えるもの、だからこそどんな状態であっても「生きる」ということは価値がある、と感じた。

ボケを見つめることは老いを凝視すること。老いを見つめることは死を見つめるということ。死を予見することは、生きる尊さを知ること。生き抜くこと。それが大事。その上での「死ぬ瞬間」とは、恐ろしいものでも苦痛を伴うものでもない。身体の穏やかな停止、と、人にも語ってきた。

生物としての「ヒト」は「死すべきもの」である。ただ、それをどのように受け止めるか。

—— To be, or not to be, that is the question.

ハムレットではないが、なかなか悩ましい。

そのような中、抗がん剤投与が再開された。副作用は定型化してきているようであった。点滴時の吐き気止め処方のため、投与日、

翌日はほとんど症状なし。三日目、身体のだるさが顕著に表れ、便秘、吐き気などあり、食事とれず、四日目も同様の吐き気と気だるさで体重２kg減が、五日目になると嘘のように症状が軽減、食事もとれるようになる。六日目、ほぼ回復。食事も出来、体重も戻ってくる。副作用のパターンが把握できたことで、吐き気止めや便秘薬を症状の出る前から服用することにした。

10. どうせ死ぬのなら・・・楽しい時で満たそう

コロナを乗り越え、いろいろな「死」の形を思い、次に思ったことが「じたばたしても仕方がない。どうせ死ぬのなら残りの時間楽しいことで満たそう」と言うことであった。

思い立ったら実行あるのみ。残された時間がわずかなら、必要なもの、不必要なものの区分けは簡単だ。もともとおしゃれではないので、衣服など新たに購入する事はいらない。趣味の「手芸」は、たいした出費もいらない。食費・光熱費・月々の病院支払い——それらが最低必要なお金である。ならば、残りのお金で、抗がん剤投与の合間をぬって、毎月親しい人たちとの「温泉ライフ」を楽しもう！

早速、翌月10月、最初に兄弟会を天神岬温泉で開いた。11月には、義弟夫婦と四万温泉に二泊旅行、12月は、磐梯熱海温泉で次男一家と宿泊、というように温泉ライフを開始した。身近な人々との交

流は、私の心を解放した。長男一家とのクリスマスや、年末には姪一家も加わって総勢15名での年越しなど賑やかで心温まる幸せな時を得た。1月は、長男夫婦と千葉の温泉泊、2月の73歳の誕生日は港区芝の料亭で祝ってくれた。

「アドバンス・ケア・プラニング（ACP）」とは、「がん」など死を前提にした罹患者のための医療やケアについて、本人・家族・医療・ケアのチームが話し合い、患者の人生観や価値観、希望に沿った医療・ケアを具体化するというものである。

私は「どうせ死ぬのだから、楽しい幸せな時間を積み重ねよう」という単純な発想、自分の希望優先での行動であった。そして2023年2月、「目標」とした母の享年73歳をとりあえずクリアした。

その4日後、夕方、偶然に、晴れ渡った西の空にまるで糸のような細い月と星を見た。木星と金星が本当に大きく輝いていた。次にみられるのは40年後とか。構えてではなく、日常の一コマにそのような天体ショーに出会えたことは幸運であった。

もっとも、抗がん剤治療は必ずしも順調なばかりではなかった。10月の通院で、腫瘍マーカー値は減少したが、副作用としての排尿痛や、白血球減少、口内炎、皮下出血斑、吐き気と嘔吐、背の痛みなどが起こった。区の健康診断では、血液検査で、たんぱく、アルブミン、「糖尿病要注意」との指摘もなされた。11月には、抗がん剤投与後、強烈な吐気に襲われ洗面器を抱える場面もあり、18日は好中球減少で抗が

ん剤が投与できず翌週に持ち越された。結果として、翌週は数値が上がって抗がん剤の投与ができたが、状況は「低空飛行」であった。

がん以外にも、3月、突然左目の充血酷く、白目が真っ赤になった。眼科受診で、大事には至らないと診断されたが、一週間ほど不安に駆られた。抗がん剤投与も、血管がもろくなっているのか、注射針がなかなか入らず、何回も刺すはめにも陥り、ナースからCVポートを留置するアドバイスがあり、装着することになった。微妙な背部の痛みも持続してあり、2月には「腫瘍マーカーもCT検査の結果も両方わずかに上昇、大きくなっている」ことが告げられた。

そのような中、三月末、大腸がんを罹患していた義兄が抗がん剤治療が終了して緩和ケアに移行、介護保険の申請を行ったことが伝えられた。音楽家・坂本龍一氏の3月28日死去報道もなされた。彼の21年直腸がん発症後の壮絶ながん闘病——フルーツと茶だけの食事。一口大のバナナを一口でも食べられない。半分入れて咀嚼。歯磨きは念入りに磨く。がん治療による歯やあごの骨への影響あり。歯ブラシは縦にして磨くなど——が伝えられる。何とも悲壮である。

ある日、主治医が不在で、代わって診てくれたK医師の、「住まいはE区？ぼくの住まいと近いね。肝臓・腎臓の数値良し。がんマーカー低水準で移行。貧血は仕方がないか。抗がん剤点滴問題なし」と、軽快に話す様子に思わず微笑する。クールなM医師も、時に家族のこと等ポロリともらす。医師の言葉は患者に投薬とは別に治

療効果をもたらすものらしい。三月は、病気と付き合いながら、旧友たちと都内のレストランで会食を重ねたが、その時々が体調安定であったことも幸運であった。

11. じたばた生きる——
あと何回満月を見ることができるのか

細菌やウイルスの形を見ると、何か不思議な感じがする。初めてコロナウィルスの画像を見た時は何とグロテスクと思ったが、がん細胞もそれら自然界の中にあるものの姿に似ていると改めて思う。自分の身体にそんながん細胞が巣くっているのだ。

抗がん剤投与に加えて、コロナで人とも会わない日々——そんな鬱屈した心を解き放そうと、陽射しのさす冬の日に、近くの親水公園や江戸川沿いの堤防を散歩するようになった。そこでの、思わぬ鳥たちとの出会いは、家族との温泉旅行とは違ったまた別の楽しみを私に与えてくれた。

それまで、雀とカラスと鳩しか目に入らなかったのに、よくよく目を凝らせば、メジロ・セグロセキレイ・ヒヨドリ・オナガ・ムクドリ・カルガモ・ツグミ・シジュウカラ・カワセミ・カワウ・カモメ・マガモ・・・など多種多様な小鳥たちがいる。梅の花も咲いて、桜も蕾を膨らませている。そういえば、いつかここにはコサギもいた、と思い出す。

公園の樹木――マテバシイ、くろがねもち、やまもも、クスノキ・桜・梅・金木犀――名前のふだがついていないとさっぱりわからない木もあるが、それらを確認したり、鳥を見ながらの散歩は、目標の7000歩をたやすく達成させ、心も安らぐ。さらに、夜空を見上げれば、オリオンや三日月、火星がきれいに見える。家の近くで身近な自然に触れること――これもがん闘病に有効かもしれないと思われた。

「楽しいことで満たす」も、三月は4番目の孫のひな祭り、初節句祝いで芦ノ牧温泉に。四月は兄弟会を実家近くの温泉で、五月は自宅で年末バージョンの16名での宴会なども予定通り行った。

四月の、60年ぶりに訪れたふるさと近くの半田沼公園は、ハート形の沼の水も澄んでいて、カタクリなど様々な花も咲いていた。山桜も満開である。時間があれば、半日くらいは過ごしたいと思うほど。何とも癒された。里の桜は終わっていたが、代わって桃の花、コブシ、モクレン、山桜、ヤマブキ、芝桜――なんとも見事な北国の春であった。

東京に戻れば、再び抗がん剤投与である。CVポートの管理、病院の患者教室など自分の病気と改めて向き合うことになる。「患者教室」で医師への不信感を、涙をためて訴える50代の女性や、「告知」されたばかりで、気持ちがまだ整理できず、涙目で発言する男性など、その苦痛を目の当たりにすれば、やはり他人ごとではない。

また、緩和ケア中の義兄の容態は悪化していた。ある日、腹水

がかなり溜まった義兄の訪問診療に立ち会った。バイタルサインチェック、問診、腹部測定の後、訪問医は、「腹水増加顕著。脚のむくみ増強。尿量が減少し、色が濃くなっている。食欲不振は、注射の効果が切れたため。今日注射を行う。血液の濁りがあり、脳血栓を心配したがそれはなかった。肺の違和感については、今収まっているので、様子を見る・・・」など、きちんと説明している。

義兄は意識明瞭で、声も大きくしっかりと医師と話すことが出来ている。その時は、車いすでトイレも自力で行っていたが、その1週間後死去した。2019年11月、大腸がん手術から始まった3年半の闘病生活だった。その前月、10月1日、私たちと行った奥入瀬旅行が、旅好きの義兄の最後の遠出であった。翌20年2月5日、肝臓転移で手術。9月22日右肺転移。21年3月、左肺転移、5月には喉に転移等再発を繰り返し、抗がん剤点滴しながらの闘病。22年には胆管閉塞で、内視鏡オペ。23年3月20日、治療終了。緩和ケアを宣告され、それから2か月余りでの死であった。

がんの部位は異なっても、それは自分の将来の姿に重なる。そのショックのためか、昨年のコロナ感染時と酷似した喉の違和感や微熱が生じた。コロナとの違いは、あの得体のしれない倦怠感はないということ。また食欲もあり。多分、最近の気温の変化、急に気温が下がったことによる風邪だろうと思いながらも、体温は午前36.2℃。午後37.2℃と少し上昇気味。明日の抗がん剤は中止したほ

うがよいか病院に電話した。返事は､｢37.5℃になったら再度連絡を。それ以外は通常通り行う」という淡々としたもの。翌日、平熱に戻り､予定通り抗がん剤を投与する。白血球少し改善するも､がんマーカーの値は上昇していた。体調不良の中で、義兄の通夜と告別式に参加した。

そうこうしているうちに6月になった。真夜中、ベランダに出ると、流れゆく雲の上に満月が見える。窓を開けておけば、ベッドに横になっても見える。6月の満月、ストロベリームーン・・・。坂本龍一氏の「僕はあと何回満月を見るのだろう」の言葉が蘇る。私はあと何回見るか？

翌日､朝5時頃目が覚めた。久しぶりに本当に良く寝たと思った。心なしか、喉や呼吸器の状況も軽快している。新聞を読んだあと、またベッドに横になるが､次に目覚めたのが何と7時半過ぎであった。

「私はあと何回満月を見るか？」

心の中で繰り返した。ステージⅣでも5年も生きながらえている人がいる。ＹやＳ氏は3年。私も余命告知され1年過ぎた。あと半年ならば6回、ただし今年は8月31日に2回目の満月ブルームーンが見られるというから、あと7回となるのか？

いずれ、私も「緩和ケア」に移るだろう。1年前に遺書を書いた時は､悟りきったような言葉を連ねたが、この頃は「じたばたして、無様に生きようかしら」とも思うようになった。すると不思議なこ

とだが、また気が軽くなった。

そんなことを思っている時に、新たな治療が開始された。保険適用となった抗CTLA―4抗体デュルバルマブ（免疫機能強化薬）の投与である。私のこれまで受けてきたGC療法に上乗せすると、死亡率を20％下げる結果が出ている。一方、貧血、悪心、便秘、下痢など、また症例数は少ないが甲状腺機能低下、皮膚炎、肝障害、副腎機能不全、Ⅰ型糖尿病など副作用もあるということである。

12. 2023年6月、デュルバルマブ投与始まる

6月19日、抗がん剤投与の前、予定通り義弟夫婦と二泊三日の伊豆旅行に出かけた。何十年ぶりとなる大涌谷、修善寺、伊豆長岡温泉、堂ヶ島、熱海など山の緑と海の青さを満喫し、東京へ戻り、23日からデュルバルマブ投与開始となった。今までのGC療法に加えるから、4時間30分という長時間の点滴である。デュルバルマブは、保険適用になったばかりで、副作用もあるということで、どんな小さなことでも報告、という指示を受けた。

投与当日は、それまでと同様、体調特変なし。二日目、少しの息苦しさと太もも部分に筋肉痛出現あるも昼には軽快、夕方には消失した。三日目、四日目はこれまでと同様の身体のだるさあり、終日臥床するも、五日目にはだるさ軽減、半日の臥床となった。しかし、

夕方37.8℃の発熱あり、カロナールを飲む。六日目、ほぼ体調元に戻り、散歩も7000歩達成。体重は投与前より1kg減で済んだ。その後、血圧も上122下80、脈78と安定、身体のだるさもまるでなく、体調良好で少しPC入力、家事等。動きすぎたか、夕方、疲れがどっと出て、口内炎も生じた。

7月7日は、従来のGC療法を受けた。東京はそれから猛暑日に襲われた。多少の変化はあるものの、投与日、翌日体調変わりなし。三日目が一番きつい日で、便秘、吐き気、身体のだるさ、足裏のわずかなしびれなどに投薬で対処、五日目からは体調元に戻るというパターンが通常となった。

脱毛については、行きつけの美容院でシャンプー時、私の病気のことは話していなかったが、これまでの大量の抜け毛に店主夫妻いろいろ思い巡らしていたらしく、「がん患者さんも使用しています」の言葉と一緒に、育毛剤をプレゼントされた。また、盆の墓参など親戚が集まった時に、私は平常を装っていたが、後で「顔色の悪さ」を指摘されるなど、よそ見には色々見えていたらしい。

2023年8月、この夏は、本当に酷暑であった。抗がん剤を投与しはじめて一年を過ぎ、病院では顔見知りの人もできた。抗がん剤治療がもう3年になるという男性は、「寝て食べることが一番」と笑う。私は1年。目の前の彼をみながら、「もしかしたら、私ももう少し生きることができる？」と、わずかな希望を抱く。一方、「も

う治療終わりと言われた」という一人の女性は、「あなたが１年やっているのは薬が効いているから」と強い口調で向かってくる。ほかにも、「手術できなくて、抗がん剤なのよ」「体重10kg減」「気になるのは胃の痛み」「痛み止めの服用のポイントがよくわからない」など自分の症状に惑っている方々の言葉もある。

デュルバルマブ点滴の日は、朝、６時30分に家を出て、８時30分受診予約。診察は９時15分、その後、薬のオーダーあり、点滴が始まるのが10時30分、終了３時である。「やはり長いね」の言葉に、ナースも同感してくれる。治療室で、はす向かいに座った男性が、私を見知っているらしく、「頑張りましょう」と声をかけてくれた。「頑張ります」と返事。そんな小さな会話にも励まされる。

酷暑日の続く中、近所のＴさん死去の連絡があった。81歳。肺腺がんと診断されたのはわずか２か月前、ステージⅣであった。第一回抗がん剤投与の後、せん妄状態（意識の混乱）の出現はあったが、基本的に身辺のことは自立していた。一週間前に、彼が自宅のテーブルで食事をしている姿を見て挨拶を交わした。その翌々日の朝、トイレで倒れ救急車で運ばれ、「一晩泊まりましょう」くらいの対応であったのが急変、あっという間の死であった、という。何か言葉が出ない。

９月になって、背中の痛み再び出現。鎮痛剤服用。強い痛みではないのだがその持続が不安だ。しかし、35℃近い酷暑が30℃位ま

で下がると涼しいと感じ、痛みも感じなくなる。明日はスーパームーンという夜、ベッドの上から皓々とした月を望む。「あと何回満月を見ることができるか」。そのフレーズが時々頭をよぎる。9月22日の通院で、抗がん剤点滴を受けるが、「デュルバルマブの投与効果あり」と伝えられる。ホッとする。

しかし、24日の墓参で親戚より顔色の悪さの指摘があり、25日には軽いだるさ、吐き気あり、いつものように酸化マグネシウム錠、メトクロプラミド錠を服用した。異変が起こったのは、26日であった。朝36.1℃だった体温が、夕方38.2℃に上昇。震えで歯がガチガチあたり、悪寒のように身体も震える。以前処方されていた解熱剤「シプロフロキサシン」を服用するも、すぐに2回ほど吐く。薬も吐いてしまったらしい。動作時の息切れ、動悸、胸の痛みもあり、ベッドに横になり症状がおさまるのをじっと待つが、なかなか症状がおさまらない。夜中「シプロフロキサシン」を再服用。その後、トイレなどに数回起きる。

その後、数時間の睡眠がとれ、朝6時、体温36.7℃で吐き気も収まり、身体が、非常に楽になっていて、昨夜のつらさが嘘のようである。平熱に戻り、朝・昼・夕、粥食ではあるが、食事も一定量取ることもできた。

昨日の高熱の原因は何か。コロナやインフルエンザの流行もあるので、近くの耳鼻咽喉科で抗原検査を受ける。結果、両方とも「陰

性」であった。とすれば、やはり抗がん剤の影響か。病院に電話して、これまでの経過と週末の大分旅行の可否、薬の服用方法について確認した。「シプロフロキサシン」は抗生剤（殺ウィルス剤）で、そもそも解熱剤ではないし、一定期間服用しないと耐性菌が生じやすくなる。発熱時だけの服用は一番悪い方法だったことを知らされる。とりあえず、今、症状はないので大分行きは可だった。薬は通常のメトクロプラミド錠服用で、それが駄目な場合デカドロン錠服用を助言される。デュルバルマブ投与追加された中での、「死ぬまでにしておきたいこと」「時を楽しいことで埋める」の目標の一つである大分行きも実現できることとなった。

13. したいことを１つ１つ実現していく

長男一家と私たち夫婦の総勢５名の大分旅行は、かつてない贅沢なものとなった。国東で、海から採ってきたばかりのカレイ御膳。刺身、唐揚げ、煮つけ、どれも美味。国東の海も美しい。長湯温泉では、コテージ風の一軒家客室。庭の萩の花。雲間に覗く中秋の名月。水着を着ての歩行浴。炭酸水のお湯。素材を生かしたフルコースの食事は美味。何とも贅沢な時間であった。

翌日は、深い山道を縫って、豊後竹田の旧街道を走る。古い白い土塀が歴史を感じさせる。「荒城の月」のモデルの「岡城」の石垣

を車窓から望み、東洋のナイアガラと呼ばれる「原尻の滝」へ。日曜日と言うこともあり、ペルーから奏者が来てアンデスの音楽を奏でてくれる。豊かに実る稲田に赤とんぼ、蝶が舞い、曼殊沙華。キバナコスモス、コスモス、ケイトウ、カンナ、ススキ、オシロイバナ――夏と秋の草花が野山を覆う。

一時、気分悪くなり、吐き気止め服用。しばし横になるも、その後、旅の目的である長男の妻の両親と合流し、一緒に、別府温泉鉄輪に。今人気のドーム型テントで。キャンプ気分を味わえる。温泉地だけあって、全室温泉付き。

生きているうちにやりたいことの一つ――「大分のお義父さんお義母さんに挨拶する」ができた。最終日は、杵築の古い城下町の武家屋敷で昼食をとる。長男の妻が通った幼稚園、小学校は、昔の藩校だそうだ。古い土塀がそのまま残されていて、歴史を身近に堪能した。夜7時30分東京帰宅、充実した3日間であった。

ただ、これ以後、血液検査、がんマーカー値いずれも安定傾向であるというものの、右肩の痛み、口内炎、手足のしびれ、少し動くと心臓がバクバクするような頻脈、気だるさ、血圧の高さ・・・。体力低下の他に何か異常があるのではと不安になるような症状が現れてきた。

ある時は、抗がん剤投与3日目、便秘気味だが体調安定傾向、と思っていたら、夜半より体調不全となり突然嘔吐した。朝再び嘔吐するも、昼頃にはおさまる。いつものことだが、急激に悪化し、時

間が経つと嘘のように症状が無くなる。また、義妹からの指摘もあったが、体調不良の時は顔色が一層どす黒くなった。体調が良くなるとどす黒さが少しやわらぐ。そこで毎朝、夫に顔色チェックをしてもらい、悪い時は無理をしないで休むようにしたことは何よりであった。余命宣告されて、やりたいことは全てやりつくした時に、主治医から話があった。

「CTで、腫瘍は少しずつ大きくなっている。腫瘍マーカー数値もわずかながら上昇傾向。現在行っているGC療法の抗がん剤は来年1月で定期クールが終了する。以後はデュルバルマブを月1回投与となる」

「それは、治療終了、名実ともに緩和ケアに入るということでしょうか」という私の問いに、主治医は、「そういうことではない」と言下に否定した。

しかし、腫瘍が大きくなっているままで、1年半続けられてきた抗がん剤が終了する。このことは、今後の緩和ケアで、入院か在宅かも視野に入れて考えなければならないということでもあった。

11月に入り、寒さが厳しくなる中で、血圧が上154、下94はいいが、脈は130と高数値を示すようになった。少し動いただけで動悸が激しくなり、ベッドに臥床し、安静を保つと血圧135/70、脈76と平常値に戻る。吐き気、手足のしびれ、背部の痛みなど体調不良が続く中、ある日は、家を数歩出た所で足がもつれて思い切り転倒、手、膝を怪我してしまった。自分でも驚いた出来事であった。

そうこうしているうちに、年末27日、今年最後の満月——コールドムーンを厚い雲の流れの合間に見た後、31日、家族・親族合わせて16人で年越しの膳を囲んだ。

3箱のズワイガニ、特大皿2枚に盛り付けられた刺身の盛り合わせ、馬刺し、ゆで卵入りハンバーグ、煮しめ、イクラ、サラダ、酢の物、ローストポーク、ブリ塩焼き、果物。いつも量は多いが今年はまた格別である。紅白などテレビを見ながら、11時には「会津の新そば」で年越しを祝う。蕎麦は本当に美味であった。子どもたちも終始機嫌よく何よりであった。何はともあれ、余命宣告期間を無事終了できたのである。

年明けて、2024年は激動の年明けとなった。1月1日、午後4時10分頃、能登地方でマグニチュード7.6の地震発生、多大な被害がもたらされた。翌2日は、午後5時47分頃、羽田空港でJAL機に海上保安庁航空機が衝突する炎上事故が起きた。300人を超える乗客は無事脱出できたというが、能登地震に続いて、何という年明けか。心がざわざわした。

1月5日、定期受診。予定通り抗がん剤点滴。血圧については降圧剤が処方され、以後血圧は正常値に戻り、一時は、背部の痛み、便秘、疲労時の吐気など、抗がん剤副作用と思われるものが嘘のように軽減した。背部の痛みは、随時出現するが、歩行などで一時消失することもある。

午後から雪というので、午前10時30分散歩に出た。こんな日、こんな時間は鳥たちにも出会えないだろうと思いながらも、江戸川河川敷でマガモ、ツグミ、ムクドリ、ドバト、カラス、雀などに出会う。2羽、木の枝高くに止まっていた鳥については識別できず。その後、親水公園でカワセミ、ヒヨドリ、セキレイ、民家の庭でメジロを、裏の公園でシジュウカラに出会う。そんなことに夢中になっていると、背中の痛みも、吐気も一時的に消えているのである。

14. 抗がん剤投与終了、三年目のがん遺伝子プロファイリング検査

2月9日、M医師より、CTとがん遺伝子プロファイリング検査の結果などの説明があった。

複数の遺伝子を一度に調べることのできる「がん遺伝子パネル検査」には2種類ある。

保険適用となっている薬物療法（抗がん剤）の投与を検討する「コンパニオン検査」と、標準治療が無いかまたは終了した患者を対象に何らか次の薬物療法を探索するために調べる「がん遺伝子プロファイリング検査」である。

がん遺伝子プロファイリング検査は、患者のがんに特徴的な異常（遺伝子の特徴）を調べる検査で、治療法の選択等に役立つという。

だが、がん遺伝子プロファイリングの内容は難しく、なかなか理解できない。私の場合、発見された遺伝子異常は、「がん抑制遺伝子であるCDKN2A、CDKN2B遺伝子がLOSS（欠損）だが、疑わしい増幅があり、治験（新薬の効果確認）は積極的に推奨しない」というものであった。一度聞いただけでは、何のことかわからない。要するに、必要ながん抑制遺伝子が欠乏しているということらしい。

「これからの治療について、判断が悩ましい状況。CTで腫瘍の拡張あり。肝臓に黒点あり、それが再発かどうか不明。腫瘍マーカーの値は減少。遺伝子プロファイリングで、治験など行われている遺伝子異常も発見されたが、その状況も確定的でなく、積極的に推進されるものではない・・・」

結果、様子をみていくということで、2月9日、一年半行われてきた「ゲムシタピン＋シスプラチン併用療法」は終了。2月22日から月1回デュルバルマブ（がんに対する免疫機能を強化する薬）投与のみとなるという。

2月22日、初めてデュルバルマブのみの投与となるが、抗がん剤投与無しなので、時間も1時間30分くらいで済み、今までの3時間、4時間半という長さの点滴を思うと本当にあっけない。1年半と言う長期間の抗がん剤投与への不安もあったが、今後は4週間毎のデュルバルマブのみ。これが、緩和ケアへの具体的な道筋ともなるのかと思うと何とも複雑な気持ちでもある。改めて自分の余命、

今後何をなすべきかを考える時がきているようだ。

その数日前の2月18日、この日、私の兄弟や子ども一家、姪など総勢16名が集まった。コロナ禍以前まで行われていた「親族会」の再開である。主催は、子どもたち世代に移った。しゃれたオードブルなど若い世代の感覚で並べられて、素晴らしいものであった。

その途中である。料理がいったん下げられ、私の前に、「誕生日ケーキ」が運ばれてきた。何と私の誕生祝いでもあったのだ。がん末期患者の私への配慮か。

「ハッピーバースデイ」の歌に不覚にも涙が出た。隣に住む孫からは祝いの黄色い花束、遠く離れた会津の孫たちからは「お誕生日おめでとう」の動画が送られてきた。

子どもや甥や姪たち、孫たちの心遣いに「感謝」の一日であった。その後、私の精神、身体状況に少し変化があった。頻脈や、背部の痛み、欠伸などで腹部に力が入ると起こる右脇腹の筋肉痛、食べ物の飲み込みにくさ、歩行時の少し息苦しさなどの出現である。

しかし、それらは常時の痛みではなく動作時や突発的に起こる痛みで、便秘や吐き気などの症状はない。息苦しさは、歩行3000歩まで症状あるも、それを過ぎると以後軽快し7000歩は楽に歩ける。背部の痛みも消失する。夜中に背部の鈍い痛みで眠れない時には痛み止めを服用すると嘘のように軽快し、ぐっすり眠れる。

恒例の散歩中、親水公園で、アオジか、雀の群れと一緒に緑色が

かったきれいな鳥を見たりすると気持ちがワクワクするし、オナガ、ムクドリ、ヒヨドリ、シジュウカラ、セキレイ、ツグミ、マガモ、カワウ、カモメ・・・何がなくとも小鳥たちの姿に励まされる。

これからどうするか。今までは、「死」ばかり考えていたが、これからの生き方に目を向けるべきではないか――振り出しに戻ったような問いが私の前にあった。

LIVING――少子高齢多死社会、長寿社会の戸惑いもある中の「死の宣告」と、「生」をどう見つめていくか・・・。今からの、私の生き方、生活の仕方、物の見方が試されていく。それは痛みなどこれから起こる身体的苦痛への対処法を定めていくことでもあった。

15. LIVING　生きていく
Well — being（ウエルビーング、しあわせ）

抗がん剤投与が終わって一か月、背部の痛みが以前より頻発に起こるようになった。しかし、激痛というのではなく、またいつの間にか消失するなど不定期なもので、痛み止め一錠服用するだけで17時間程度は無痛となる。身体のだるさもなく、手芸やパソコン作業など苦にならずできる。また、散歩など身体を動かしている時は痛みも消える。

それでも、私の予後は微妙だ。手足のしびれ、皮膚の色素沈着、

食べ物の飲み込みにくさ、背部の痛み・・・高齢者にはありがちな症状だが、それががん末期によるものなのか？

3月18日の朝4時頃､背部の痛みで目が覚めた。少し躊躇したが、痛み止め一錠服用。すると痛みがおさまり、いつの間にか眠り、目覚めたのが6時30分であった。その間、夢を見ていた。

――私は裸足で故郷の道を歩いている。でも、道を間違えて全く違った方向に向かっているようだ。そこで一人の老人に出会う。彼は迷った私を目的地に案内してくれるという。山道や、険しい崖を降りるといつのまにか、若い娘の道連れができている。「とんでもない遠いところに連れてきてしまい・・・」と電話で彼女の母に謝るが、厳しい叱責をうける。でも、かまわず、前に進んでいこう･･･というところで目が覚めた。

この日の朝刊、戦闘機開発の報道が躍った。そして思った。末期なら末期で仕方がない。ならば、最後まで自分にできることをなしていこう。痛み止めを適時使用しながら最後まで進んでいこう。坂本龍一氏は神宮問題で声を上げた。私も、これまで気にかかっていた次世代の若者への「伝言」を書いてきたが、それをしあげよう。1年半前は、「楽しいことで埋め尽くそう」としたが、今回は「ごまめの歯ぎしりでも、最後まで訴え続けよう」と新たな目標が出来たのである。

3月22日、抗がん剤投与が無くなって一か月目のデュルバルマ

ブ投与日、主治医にこの間の、これからの気になることを聞く。M医師、がんマーカー上昇気味。4月、CTを撮り、ゲノム検査についてもその時に決定するという。

私は、とりあえず、今後についてはそれから考えよう。今、必要なことは自分の頭で考えて、自分の言葉で書いていくだけだ。

そのように思っていた3月25日、突然の不調が私を襲った。背部の痛みは鎮痛剤などで解消できていたが、昼食時、食べ物が食道を通過していかない。吐き戻し、ようやく人心地ついたが、胸苦しさは消えない。水も通過しない。迷いながら主治医に電話、指示を仰いだ。

翌日、緊急入院の指示が出され、3月26日入院となった。絶食指示の中、CT撮影、レントゲン検査され、27日は内視鏡検査が行われた。結果、食道には異常なく、腫瘍が大きくなったことで食道を圧迫、それが嚥下困難をもたらしたのだろうということで3月29日退院となった。

4月5日の退院後受診時、改めて今後の治療について提言がなされた。一つは、「ゲムシタビンーS1療法」を4月19日から開始する。また、その時には遺伝子検査の結果も出るだろうとのこと。さらに、緩和ケアについてソーシャルワーカーと相談するよう指示があった。相談内容は、自宅で訪問診療・訪問看護をうけるか、緩和ケア病棟に入院するかなどである。以前、予後4か月くらいという

話があったが、と聞くと、「それはわからない」と言葉を濁した。

しかし、具体的に話が出たということは、今回の入院と合わせて、私の身体に具体的な変化、余命もあと数か月というような徴候があらわれているのだろうと、心ひそかに覚悟した。

緩和ケアは、以前は「治療終了、根治見込み無しで、あとは死を待つだけの時期。苦痛を軽減する終末期のケア」で、例えばテレビで放映された「ライオンのおやつ」に表わされたものであった。私も「余命宣告」された際の、希望する緩和ケア病院を指定した。一か月は緩和ケア病棟で過ごしたいと思っていた。看護師は「余命4か月位」になったら案内される、と目安を示してくれた。

しかし、それから2年、「緩和ケア」は、入院ではなく、医療・介護・福祉の連携システムに変化してきている。そこで示されているのが、アドバンス・ケア・プランニング（ACP、自分が望む医療やケアについて、前もって考え、家族等や医療・ケアチームと繰り返し話し合い、共有する取り組み）である。これはかつて福祉の場で繰り返された「ウエルビーング」に共通するものともいえるが、「積極的な治療と共に行われ」というところが医療的であり、必ずしも「終末期医療」と位置付けられていない。

具体的な緩和ケアとしては、自宅での訪問診療や訪問看護の導入が考えられる。家族と話しているうちに、居室を2階から1階に移すことや、「近所の目」に、ためらいがあったが、「無様に人の口に

のぼっても、まあどうでもいいか」という気持ちにもなった。ただし、全介助の本当の終末期には、緩和ケア病棟に入院させてもらおう。そのように思うようになった。

16. ゲノム治験に参加――闘病は続く

その3日後の4月8日、桜を楽しみながら散策中、突然、M医師よりの電話が鳴った。

「ゲノム検査の結果、最先端医療の適用になるかもしれない。4月12日、午後3時、K医師の診察を受けるように。その結果では、ゲムシタビン－S1療法は無しになる」

いわゆる「治験」であるが、1%でも延命の可能性ができたのだろうか。電話を受けたとき、来年の桜は見られないと思っていた時だったので、何か不思議な気持ちがした。

12日、夫と長男に付き添われ、最先端医療科受診。K医師の初診、血液検査、CT、心電図と一通りの検査を行い、最終的に4時30分に、今後の治療（治験）について説明を受けた。

検査の結果、ゲノム加療（治験）に支障なく、4月22日から3週間強の入院で、ゲノム加療を行う。その後、在宅になり、ゲノム加療を定期的に行っていく。ゲノム加療のリスク、効果については、「5～10%有効、80～88%効果なし、0.5%～2%死亡リスクあり」。

必ずしも治癒改善が期待されるものではないが、全くの可能性がないというわけでもない・・・というもの。

しかし食べられなくなるのが、がん死のメルクマールなら、今その時にさしかかっているのかもしれない。何をしなくとも死ぬ。今さら、じたばたしても仕方ない。運を天にまかせよう。

それにしても、急展開であった。この治験の締め切りが4月であることから、それに間に合わせるための治療日の設定であったが、初めにがん研に入院した時と重なる。

事態は急変したが、これまで実践してきた「生活の楽しみ」は、なによりの「薬」である。15日16日のひたち海浜公園のネモフィラ見学と温泉、13日の長男の誕生日祝いなどはそのまま続行。19日は、入院を聞いた兄たちの訪問を受け、姉とともにランチを楽しんだ。

また、「失われた30年」「閉塞感」「戦争への危機」「子供たちの未来への危惧」「なぜこんな世の中になってしまったのか」という私自身の疑問から始まった『記憶を糧に』の大枠を書き上げたと思ったら、パソコンデータを消去してしまった。一か月の労力がふいになった。昔なら「気が狂う」ところであるが、現代史を改めて振り返り勉強する中で見えてきたものはある。

そして、世の風潮のなかにも、「格差」や「企業利益のみの追求解消」、「差別・ヘイト」への厳しい目も醸成され、「ネット炎上現

象」にも批判的で冷静な対応も出てきた。ならば、データが消えても「それはそれでいいか」という気持ちにもなった。時間があったら、「もう一度、全く別の視点から書き直すこともあり」で、意外にもそれほどの喪失感がなく、その時分の関心事は、「最先端医療」というものが、自分の身にどのように行われるか、ということであった。また、原稿再執筆の時間は、思いもかけず、治験入院期間に訪れた。治験であるので、前回の手術後と違って、痛みなどの苦痛はない。ある意味で、三食昼寝付き、ホテルにいるような状態である。検査などの合間をぬって、3週間ほどで、消してしまった『「記憶」を糧に、未来へつなぐ』(最終版) を書き上げることができた。

「やりたいことはやりつくした」と感じたなかでの治験入院は、ピンクムーンが皓々と照るなか始まった。

初日採血・心電図・採尿・レントゲン。二日目麻酔をかけての生検。そして、4日目治験剤投与がなされた。治験翌日から3日間は、当然の副作用として、身体のだるさ、食思不振、吐き気、気だるさなど持続するも3日目には体調回復。治験1週間後、明け方の晴れ渡った夜空にきれいな三日月が見えた。私にとって祈りのような月であった。

しかし、問題は骨髄抑制——血小板と好中球の値の減少である。この治験薬は、点滴と錠剤あり。前日の血液検査で、条件が合えば翌日治験を続ける。治験は3週間ごとに行われる予定だが、血液検

査の結果で進行は異なるという。結局、治験2回目は血小板と好中球値低下で中止となった。値の低下はその後も止まらず、退院は2週間以上延びることとなった。

その後、2024年5月25日、日常活動は「いつも通りでよし」というお墨付きで退院したが、薬剤性肺炎を起こし6月14日再入院となった。酸素吸入、ステロイド剤など治療が始まった。最初は無菌室、その後、多床室に移ったが、薬剤により引き起こされる炎症で、場合によっては死に至る肺炎。がん罹患グループでは、2年未満とリンパ節転移があった場合に死亡リスクが高いということ。私もその近くである。

当初2週間の入院予定が、3週間の入院となったが、ここでもどうやら私は危機を逃れることが出来たらしい。3月から5か月間で3回の入退院、入院期間は2か月に及んだ。今後どうなるかはわからないが、もう少し生きられるかもしれない。

17. 改めて「人生の終焉」について

入院中、病院に備え付けてあるいろいろな本を読んだ。

多分、通常なら書店に行っても手に取らないような本——若い女性や男性の繊細な心理描写があるもの——は目から鱗のような新鮮さで、私にやってきた。

けれども、やはり多いのは「病気」「死」に関するものであった。

患者の言葉では、少し前までは「死ぬと思って涙が出た。不安で、不安でたまらない」というようなものが一般的であったが、今は、「医師の余命宣告は気にしない。余命半年——こんなに元気なのに。何か死なない気がする。来年の桜は見られないかもしれないが、先のことは考えない。今日一日元気で過ごそう。楽しく過ごそう。他人から見たら健康な人と変わらない生活。がんになって、周りから愛され、大切にされてきたことに改めて感謝」など前向きになっている言葉が多い。

それら、再発がん患者の本音は、3年半通院治療をしてきた私にも納得できるものであった。すでに、がんは「死の病」でない。「がん」は長年付き合う慢性疾患とも捉えられてきている。再発後も、3年以上生きている人達は多くいる。ステージⅣ期と診断された患者の7割も治る可能性があるともいう。痛みや浮腫がでてきたら要注意であるが、ある時期まで、見た目は元気、死までかなり余裕があり、突然死に比べたら最悪ではない。肝内胆管がんという治癒率の低い私でも3年半生きている。はじめに病名宣告された時のショックや、人並みに恐怖し懊悩したことは、はるか昔のことのようである。

いまや、死は、ゆっくりと活動を停止する自然な現象、人は死んで初めて幸福であったか結論できる、というがまさにその通りである。

入院中、病棟の中で、様々な患者と触れ合った。そこで思うのは、

一言ではいえない一人一人が背負った人生の重みである。それぞれの病状、ステージがどうであれ、懸命に生きようとしている姿である。そこでは、あれこれ「わかったような言葉」は空疎でしかない。それこそ、人は生きたように死んでいく。どんな状況であっても、命尽きるまで生きるしかない。

私は、死の間際で何を思うか。愛されて旅立つ人。「いろいろあったけど」と最後は涙の中で送られる人。うとまれてやれやれと送られる人。いなくなったことにホッとされる人・・・。できるなら、悟りの境地で、心残りなく、さわやかに消えていきたい。無に帰って行きたい。「もう半分仏様なのだよ」という言葉に表されるような、身体も心も衰えて、この世とあの世の区別が定かでなくなるような中での死も理想的だ。または、道半ばで最後まで戦い続けての死も感動的かしら。私の姉のように、「お疲れ様」「ようやく休めますね」の言葉に送られるのもいい。

でもそれが難しい。

人は煩脳の固まりで、ある意味で煩脳や欲望が人を生かしてもいる。煩悩や欲望が消えていくことが死。執着心が強いほど死は恐怖。恐れの中に息絶える。これが普通だろう。本人に責任がない、事故・犯罪・戦争での死など、運命ともいえる不条理な死もある。

さらに超高齢社会の死。老衰死の増加。2025年には、認知症が65歳以上の5人に一人ともいう。人は簡単に死ねない。超長寿社

会で、高齢者を脅かす健康·家庭·経済生活問題——人は毎日ぐちゃぐちゃと色々なことを考え、そのぐちゃぐちゃな思いの中で、ある日、不意に人生は終わる。

確かに、人は生きたように死んでいく。

自分の人生をスケッチしてみれば、名もなく、金もなく、美しくもなく・・・。でも、十分に生きたという人生でもあったか。

また、振り返れば何度も死に損なっていた。二十歳の頃、日本一周一人旅をしていた時、深い山間でカモシカに出会い写真を撮ろうとして谷底に落ちた。幸い手足の骨折なく自力で崖を這いあがり生還した。初冬の長野の美ヶ原高原では、一人山歩きしている間に道を失った。五人の山岳パーティに助けられ山小屋に到達、凍死を免れた。

さらに時を経て五十歳過ぎ、クロアチア旅行でアドリア海に落っこちた。海辺を歩いていた私の姿が急に見えなくなり、次に海坊主のように海面から頭を出した私を同行者が引き揚げてくれた。添乗員は肝をつぶし、周囲の人もただあっけにとられていた。ずぶ濡れのまま観光地を歩く私・・・何とも滑稽であるが、それが私の人生だったのだろう。

私の闘病はこれからも続く。今後、病がどのように私にあらわれてくるかはわからない。

しかし、どんな状況であっても、命尽きるまで生きるしかない。

どんなにつらくても、自ら死は選ばない。

今日を楽しく、ゆっくり眠ろう！

「LIVING」（生きている）なのである。

他人に優しい気持ちを持てる人になって。

優しい人は損をしない。考えの違う人、

カラーの違う人と交流できる人になって。

一人で悩まないでね。人の言葉を聞ける人は、本当の智者。

困ったときに誰かに相談できる力はとても大切。

そして、自信をもって自分の人生を歩んでいって。

それが本当の勇者。

一人で悩まない

優しい人は損をしない

皆の幸せを、心から祈っています。

2024年6月22日　ストロベリームーンの夜に

イラスト　小平慎一